Mit herzlichen Grüßen!
Peter Philipp

Philipp Meyer

Gott ist uns nahe

Pater Philipp Meyer OSB, geb. 1981 in Braunschweig, ist seit 2006 Mönch der Benediktinerabtei Maria Laach. Im Kloster ist er verantwortlich für die Jugend- und Berufungspastoral sowie Chordirektor der von ihm gegründeten Cappella Lacensis. Vor seinem Klostereintritt studierte er Kirchenmusik in Heidelberg und Köln. Nach seinem Eintritt studierte er Theologie in Salzburg und Rom und wurde 2015 zum Priester geweiht. Durch seine Video-Kolumne auf katholisch.de wurde er einem großen Publikum bekannt, 2020 erschien bei Herder sein Buch »Gott macht unruhig. Die Dynamik meines Glaubens«.

Philipp Meyer

Gott ist uns nahe

24 Adventsmeditationen

FREIBURG · BASEL · WIEN

Originalausgabe
© Verlag Herder GmbH, Freiburg im Breisgau 2020
Alle Rechte vorbehalten
www.herder.de

Umschlaggestaltung: Verlag Herder
Umschlagmotiv: © mh90photo – AdobeStock

Die Bibeltexte sind entnommen aus:
Die Bibel. Die Heilige Schrift
des Alten und Neuen Bundes.
Vollständige deutsche Ausgabe
© *Verlag Herder, Freiburg im Breisgau 2005*

Satz: Newgen Publishing Europe
Herstellung: GGP Media GmbH, Pößneck

Printed in Germany

ISBN Print 978-3-451-38797-5
ISBN E-Book 978-3-451-82136-3

Inhalt

Vorwort........................ 7

1. Adventssonntag..................... 11

2. Adventssonntag 33

3. Adventssonntag 49

4. Adventssonntag 65

Vorwort

Der Advent ist für mich jedes Jahr wieder schön, auch herausfordernd, bisweilen überladen, aber immer wieder schön. Jedes Jahr nehme ich mir vor, den Advent auch wirklich fruchtbar zu machen für mein geistliches Leben. Dazu gehört also nicht nur der Besuch eines Weihnachtsmarktes mit Freunden, Bachs wunderbare Adventskantaten, ein schönes Adventsgesteck und so weiter. Dazu sollte vor allem die innere Vorbereitung auf das gehören, worauf uns die Adventszeit zugehen hilft, nämlich das Weihnachtfest, das Fest unserer Erlösung, der Tag, an dem Gottes Heilsgeschichte mit uns Menschen in die tiefste und intensivste Phase eingetreten ist, der Tag, an dem Gottes gutes Wort in menschlicher Gestalt ins Dasein tritt, um uns den Weg des Heiles verbindlich und auch nachvollziehbar zu erschließen.

In der Geburt Jesu macht Gott unwiderruflich ernst mit seinem Namen, den er dem Mose offenbart hat, der ja „Ich bin" bedeutet (vgl. Ex 3,14). Er sendet sein Innerstes, seine ganze Liebe, seinen Sohn als Menschen in die Mitte der Welt, er wird wirklich Immanuel – Gott mit uns (vgl. Mt 1,23). Diese Glaubenswahrheit stellt schon für den gläubigen Menschen eine Herausforderung dar, wenn nicht gar eine Überforderung. Wie soll es dann denen gehen, die Gott gar nicht kennen?

Die adventliche Zeit mit all ihrem Brauchtum kann helfen, besser auf Weihnachten zuzugehen. Allein die ganzen Lichter dieser Zeit, die unsere Städte und Straßen, unsere Wohnungen und Fenster schmücken, sollen auf das Licht verweisen, das die Dunkelheit der Völker hell macht (vgl. Jes 9,1), die Lieder singen uns von einer Hoffnung, die uns im Innersten anrührt und kaum jemanden kaltlässt, die Geschenke, die wir uns machen, erinnern uns an das unwiderrufliche Geschenk, welches Gott uns Menschen in Jesus Christus gemacht hat.

Trotz all dieser Dinge kann uns doch aber die Adventszeit auch unberührt lassen oder wenigstens vom Wesentlichen, nämlich von der Vorbereitung auf das Weihnachtsfest, abhalten, wenn wir nur an der Oberfläche bleiben und uns nicht auf das einlassen, was sie im Innersten für uns sein will, eine Zeit der Vorbereitung nämlich auf das, was erst noch kommt, das Weihnachtsfest. Es gilt also nicht das gern genutzte Sprichwort vom Weg, welcher das Ziel ist. Es gilt vielmehr, dass nur die, die diesen Weg gehen, auch das Ziel erlangen werden, das Weihnachtsfest nämlich wirklich, lebenswirklich feiern zu können.

Dieses Büchlein möchte helfen, den Weg durch den Advent auf Weihnachten hin mithilfe der Bibel zu gestalten und zu einem geistlichen Weg zu machen. Jede Meditation bezieht sich auf einen der biblischen Texte der Eucharistiefeiern in der Adventszeit. Diese Texte nämlich bieten vielfältige Hilfestellungen, die Adventszeit besser zu verstehen und sie wirklich auf Weihnachten hin zu gestalten, damit das Fest der Feste nicht bereits am 27. Dezember wieder als beendet gilt.

Dieses Buch ist so in etwa in der Art eines Adventskalenders aufgebaut. Ein solcher geht ja bekanntlich mit dem 1. Dezember los. Da aber der erste Dezember zumeist nicht kompatibel ist mit dem 1. Advent, braucht es hier eine andere Zählung, da natürlich das Weihnachtsfest immer an das Datum des 25. Dezember gebunden ist, egal auf welchen Wochentag dieses Datum fällt; die Wochentage aber variieren Jahr für Jahr. Die Adventszeit beginnt immer mit dem ersten Sonntag nach dem 26. November. Je nachdem, auf welchen Wochentag das Weihnachtsfest fällt, errechnet sich daraus der Adventsbeginn. Fällt der 4. Advent auf den

24. Dezember, beginnt der Advent erst am 3. Dezember und es handelt sich um die kürzeste Adventszeit. Die längste Adventszeit mit 28 Tagen kommt vor, wenn der 1. Advent auf den 27. November fällt. Daraus ergibt sich, dass die Meditationen nicht nach Datum aufgebaut sind, da diese sich jährlich verschieben, sondern nach den Tagen des Adventes.

Außerdem ist noch zu beachten, dass mit dem Datum des 17. Dezember der sogenannte „Hohe Advent" beginnt, also die letzten sieben Tage vor dem Weihnachtsfest, in denen die Liturgie textlich die matthäischen und lukanischen vorgeburtlichen Erzählungen bringt. Daher sind diese letzten Tage mit einem konkreten Datum betitelt, weil ab dem 17. Dezember nicht mehr die Wochentage des Advents, sondern die letzten sieben Tage vor Weihnachten gezählt werden.

Jedes Jahr wird mir neu die Möglichkeit geschenkt, den Advent als echte Vorbereitungszeit für mich und mein geistliches Leben zu nutzen. Ich hoffe, dass diese Meditationen, die aus den Betrachtungen der Schrifttexte der Adventszeit entstanden sind, helfen mögen, dass der Advent zu einem guten Ankommen führt, damit Weihnachten für uns ein echter Neuanfang werden möge, der Raum findet in einem offenen, suchenden und sehnenden Herzen.

1. Adventssonntag

„Denn wie es in den Tagen Noachs war, so wird es auch bei der Ankunft des Menschensohnes sein. Denn wie sie in den Tagen vor der Flut aßen und tranken, heirateten und sich heiraten ließen, bis zu dem Tag, an dem Noach in die Arche ging, und nichts ahnten, bis die Flut kam und alle hinwegriss, so wird es auch beim Kommen des Menschensohnes sein. Dann wird von zweien auf dem Feld der eine mitgenommen und der andere zurückgelassen. Von zwei Frauen, die an der Mühle mahlen, wird die eine mitgenommen und die andere zurückgelassen. Seid also wachsam; denn ihr wisst nicht, an welchem Tag euer Herr kommt." (Matthäus 24,37–42 im Lesejahr A)

„Wacht also! Denn ihr wisst nicht, wann der Hausherr kommt, ob am Abend oder um Mitternacht oder beim Hahnenschrei oder frühmorgens. Er soll euch, wenn er unvermutet kommt, nicht schlafend antreffen. Was ich aber euch sage, das sage ich allen: Seid wachsam!" (Markus 13,35–37 im Lesejahr B)

„Es werden Zeichen an Sonne, Mond und Sternen eintreten und auf der Erde Angst unter den Völkern *und Ratlosigkeit über das Tosen des Meeres und der Wogen. Die Menschen werden vor Angst vergehen in der Erwartung dessen, was über den Erdkreis kommen wird; denn die Kräfte des Himmels werden erschüttert werden. Dann werden sie den Menschensohn mit großer Macht und Herrlichkeit auf einer Wolke kommen sehen."* (Lukas 21,25–27 im Lesejahr C)

Das geht ja gut los mit dem Advent. Da laufen schon seit Tagen die Weihnachtsmärkte und nun endlich fängt die Kirche auch mal an mit dem Advent, und dann bringen uns die Texte der drei Lesejahre zum 1. Adventssonntag solche Schlagwörter: Weltende, Gericht, Wachsamkeit, Misstrauen, große Not und Erschütterung. Ist das nicht etwas abgedreht? Haben diese Fragen heute denn noch Relevanz, zumal im Advent?

Nun, davon einmal ganz abgesehen, dass uns von vielen Seiten permanent Weltuntergangsszenarien entgegenkommen und ständig wieder neu das Ende unseres Planeten vorausgesagt wird, so gehen uns diese Texte, die wir in der Bibel lesen und die uns aus Jesu Mund verkündet werden, doch irgendwie an, wir müssen uns, ich persönlich muss mich dazu verhalten.

Natürlich kann ich weghören, diese Worte außer Acht lassen; ich kann mich eher den Worten der Frohbotschaft zuwenden und das bisweilen Bedrohliche an den Worten Jesu ausklammern (Stichwort:

Frohbotschaft statt Drohbotschaft). Aber ich kann diese Worte auch auf mich wirken lassen, so als ob Jesus sie zu mir persönlich spricht. Denn diese Worte können die Kraft haben, vieles zu relativieren: Wie sieht es denn aus mit meinem Ende? Wäre ich bereit, jetzt alles loslassen zu können? Glaube ich, dass ich irgendwann einmal vor Jesus stehen und mit ihm über mein Leben sprechen werde, also so richtig, echt und tief, mit allen Facetten, die da waren? Wie ist meine Bilanz?

Natürlich, der Advent wird heute oft mit dem intensiven Wunsch nach Ruhe und Innerlichkeit verbunden, ist aber für viele Menschen mehr eine stressige und hektische Zeit. Es lohnt sich, einmal nach innen zu schauen, nach der Zeit und meinem Verhältnis zu ihr zu fragen. Der Adressat dieser Fragen ist klar benannt: Der Vater, der um mich und meine Zeit, um mein Dasein und Sosein weiß. Ihn kann ich fragen, er hört mir zu, zu ihm kann ich vielleicht besonders in dieser Adventszeit eine neue Stabilität aufbauen, wenn um mich herum vieles im Chaos zu versinken scheint.

Montag der 1. Adventswoche

„Als er nach Kafarnaum kam, trat ein Hauptmann an ihn heran mit der Bitte: Herr, mein Knecht liegt gelähmt zu Hause und leidet große Qual. Er sprach

zu ihm: Soll ich etwa kommen und ihn heilen? Da antwortete der Hauptmann: Herr, ich bin nicht wert, dass du unter mein Dach trittst. Aber sprich nur ein Wort, so ist mein Knecht geheilt. Denn auch ich bin ein Mann, der unter Befehlsgewalt steht, und habe Soldaten unter mir. Sage ich nun zu einem: Geh!, so geht er, und zu einem andern: Komm!, so kommt er, und zu meinem Knecht: Tu das!, so tut er es. Als Jesus das hörte, staunte er und sprach zu denen, die ihm folgten: Amen, ich sage euch: Bei niemand in Israel habe ich solchen Glauben gefunden. Ich sage euch: Viele werden von Osten und Westen kommen und mit Abraham, Isaak und Jakob im Himmelreich zu Tisch liegen." (Matthäus 8,5–11)

„Herr, ich bin nicht würdig, dass du eingehst unter mein Dach. Aber sprich nur ein Wort, so wird meine Seele gesund." Ob es uns bewusst ist oder nicht, diesen Satz sprechen wir in jeder Eucharistiefeier. Aber noch viel wichtiger ist, dass wir doch jeden Tag dieses Wort hören können, welches uns gesund machen will. Wie oft denke ich mir, dass alles viel einfacher wäre, wenn Jesus mit mir mal persönlich sprechen würde; so vielen Menschen ist er schon erschienen, warum also mir nicht? Dann könnte ich mich auch wirklich an das halten, was er mir sagt, seine Worte, persönlich gesprochen, würden mir sicher direkt ins Herz gehen und alles verändern.

Doch wäre dem wirklich so? Ein Blick in die Bibel reicht, um das zu widerlegen oder zumindest infrage zu stellen. Immer wieder hat Gott zu seinem Volk oder Jesus zu seinen Jüngern gesprochen, und trotzdem haben sie oft andere Wege eingeschlagen und konträr gehandelt. Jesus sagt, wacht mit mir und betet, und die Jünger pennen ein (vgl. Mt 26,38.40). Mein Unvermögen, wirklich zu hören, muss daran liegen, dass mir die innere Bereitschaft fehlt. Ist mein Herz nicht offen? Will ich vielleicht gar nichts anders machen im Leben, keine Veränderung zulassen? Will ich mir von Jesus nicht reinreden lassen in mein selbstbestimmtes Dasein? Mangelt es vielleicht aber auch am Vertrauen? Jesus ist der Gute schlechthin und er will Gutes für mich. Der Advent, die Zeit, wo sein Wort auch in mir ankommen will, kann mir als eine Zeit nützen, die Beweggründe meines Christseins zu überprüfen, ich kann reflektieren, wie ich mich eigentlich zum Wort Jesu in meinem Leben verhalte. Vielleicht wird ja am Ende meine Seele tatsächlich gesund.

Dienstag der 1. Adventswoche

„Aus Isais Stumpf aber sprosst ein Reis, ein Schössling bricht hervor aus seinem Wurzelstock. Auf ihm ruht der Geist des Herrn: der Geist der Weisheit und

der Einsicht, der Geist des Rates und der Stärke, der Geist der Erkenntnis und der Furcht des Herrn. Nicht richtet er nach dem Augenschein, noch fällt er sein Urteil nach dem Hörensagen. Sondern er richtet die Geringen in Gerechtigkeit und spricht ein gerechtes Urteil über die Armen des Landes. Er schlägt den Gewalttätigen mit dem Stab seines Mundes und tötet den Frevler mit dem Hauch seiner Lippen. Gerechtigkeit ist der Gurt seiner Hüften und Treue der Schurz seiner Lenden. Dann wohnt der Wolf bei dem Lamm und lagert der Panther bei dem Böcklein. Kalb und junge Löwen weiden gemeinsam, ein kleiner Junge kann sie hüten. Die Kuh wird sich der Bärin zugesellen und ihre Jungen liegen beieinander; der Löwe nährt sich wie das Rind von Stroh. Der Säugling spielt am Schlupfloch der Otter und in die Höhle der Natter streckt das entwöhnte Kind seine Hand. Sie schaden nicht und richten kein Verderben an auf meinem ganzen heiligen Berg, denn das Land ist voll der Erkenntnis des Herrn, wie die Wasser das Meer bedecken. An jenem Tag wird es geschehen: Der Spross aus Isais Wurzel steht da als ein Feldzeichen für die Völker. Die Völker werden ihn aufsuchen, und seine Ruhestätte wird herrlich sein" (Jesaja 11,1–10)

Vor einiger Zeit ist eine gute Freundin von mir umgezogen, und ich schenkte ihr einige selbst gezogenen Pflanzen für die neue Wohnung. Es ist schön, einen kleinen Zweig austreiben zu sehen, zu erkennen, wie eine neue Pflanze wächst. Es ist ein Moment, der Hoffnung schenkt, sonst hätte der Prophet Jesaja dieses so wichtige und schöne Bild aus dem Leben der Natur auch nicht aufgegriffen. Doch reicht dieses Bild noch viel tiefer.

Der Advent ist die Zeit, wo in unseren Breiten das natürliche Licht am Weitesten von uns weggeht, die Dunkelheit größer ist und länger andauert als das Licht. Und genau in diese natürliche Bedingtheit hinein wird uns ein Licht verheißen, auch mir, ganz persönlich für mein Leben: „Du, mein geliebtes Kind, hast von mir, deinem Gott, eine Kraft ins Herz gelegt bekommen, die austreiben soll und dich lebendig machen will. Ich, dein Gott, habe eine Kraft in dich gelegt, die grundlegend gut ist und die dir meine Güte aufzeigen soll, eine helle Kraft, die die Dunkelheit auch in deinem Leben zu vertreiben in der Lage ist."

Gott zeigt uns in dieser Zeit des Advents außerdem, dass auch aus etwas, was abgebrochen oder abgeschnitten scheint, Neues hervorgehen kann wie aus dem Ableger einer Pflanze. Er will für uns Wachstum, unser ganzes Leben lang. Selbst wenn wir in bestimmten Phasen unseres Lebens bisweilen kein Licht am Ende des Tunnels zu sehen scheinen, so wachsen wir doch auch in solchen Zeiten, weil Gott uns zieht, wir wachsen auf ihn hin. Das kann ein großer Trost sein; alles geht auf Gott zu, die Welt, die Menschen, ob sie es wissen oder nicht.

Eine Ahnung davon kann uns die Adventszeit geben, an deren Ende die Geburt des Lichts der Welt steht, des Immanuel, des Gottes für uns, für dich und für mich, der uns wachsen lässt auf ihn hin und der uns aus dem Dunkeln zum Licht zieht.

Mittwoch der 1. Adventswoche

„Bereiten wird der Herr der Heerscharen allen Völkern auf diesem Berg ein Festmahl mit fetten Speisen, ein Mahl mit alten Weinen, mit markigen, fetten Speisen, mit alten erlesenen Weinen! Auf diesem Berg nimmt er die Hülle weg, die auf allen Völkern liegt, und die Decke, die über allen Nationen ausgebreitet ist. Er vernichtet den Tod auf immer, Gott, der Herr, wischt ab die Tränen von jedem Angesicht und nimmt seines Volkes Schmach hinweg von der ganzen Erde. Ja, der Herr hat gesprochen. An jenem Tag wird man sagen: Seht, das ist unser Gott, auf den wir hofften, dass er uns hilft, das ist der Herr, auf den wir hoffen. Lasst uns jubeln und uns freuen über seine

Hilfe. Denn die Hand des Herrn ruht auf diesem Berg. Moab aber wird an seiner Stätte zerstampft, wie man Stroh in der Jauche zerstampft." (Jesaja 25,6–10)

Gern unterhalte ich mich mit Mitbrüdern oder Freunden über Weihnachtsbräuche in den Familien oder aus der Gegend, aus der jemand stammt. Wie feiert ihr den Heiligen Abend? Wer ist alles dabei? Und vor allem: Was gibt es zu essen? In meiner Familie gab es am Heiligen Abend immer Kartoffelsalat und Würstchen, am 1. Weihnachtstag dann Gans mit Rotkohl und Klößen – wunderbar! Als in unserem Konvent für die Küche Verantwortlicher habe ich diese Kombination auch für den klösterlichen Speiseplan übernommen.

Der Text der Lesung aus dem Buch Jesaja spricht auch von einem Festmahl mit fetten Speisen und erlesenen Weinen. Ja, im Himmelreich weiß man zu feiern, auch wenn dieses sehr irdische Bild des Festmahls nur neblig umreißen will, welche Freude uns im Himmel einst erwartet. Doch vorher ist von der ganz irdischen Realität die Rede, von Tod, Tränen und Schmach, voll Alltag, so wie ihn jede und jeder auch kennt. Auch wenn wir nicht jeden Tag von Trauer oder Gefahr umgeben sind, so ist doch auch nicht jeder Tag Weihnachten, also ein Festtag – Gott sei Dank. Wer könnte das aushalten? Doch dieser Text kann uns auch helfen, den Festtag, in diesem Fall das kommende Weihnachtsfest, gut vorzubereiten, also innerlich. Welchen Wert bekämen die feierlichen Gottesdienste, das Zusammensein mit den Lieben oder eben das festliche Weihnachtsessen, wenn wir uns in der Zeit vor dem Fest, in der Adventszeit, einmal bewusst zurückhalten würden? Um mit allen Sinnen feiern und genießen zu können, kann es helfen, sich vorher eben einmal zu be-sinnen. Der Advent ist, um es mit dem Text des Propheten Jesaja zu sagen, die Hülle, der Schleier, unter dem etwas verborgen liegt. Die Adventszeit lüftet sukzessive diesen Schleier, die Texte führen uns peu à peu an das Weihnachtsfest heran. Einfach den Schleier wegzureißen, würde das Weihnachtsfest entzaubern. Es lohnt sich, den heutigen Text als Mahnung zu verstehen, langsam zu machen in der Adventszeit, um nachhaltig auf das Weihnachtsfest zuzugehen, oder um es mit einer Volksweisheit zu sagen: Vorfreude ist die schönste Freude!

Donnerstag der 1. Adventswoche

„Nicht jeder, der zu mir sagt: Herr, Herr!, wird in das Himmelreich kommen, sondern wer den Willen meines Vaters tut, der im Himmel ist. Jeder,

der diese meine Worte hört und sie befolgt, gleicht einem klugen Mann, der sein Haus auf Fels gebaut hat. Als ein Platzregen herabstürzte, die Wasserfluten kamen, die Winde tobten und über jenes Haus herfielen, stürzte es nicht ein; denn es war auf Fels gegründet. Aber wer diese meine Worte hört und sie nicht befolgt, gleicht einem törichten Mann, der sein Haus auf Sand gebaut hat. Als nun ein Platzregen herabstürzte, die Wasserfluten kamen, die Winde tobten und über jenes Haus herfielen, da stürzte es ein und sein Fall war groß." (Matthäus 7,21.24–27)

In diesen Adventstagen müssen wir den Spagat schaffen zwischen unserer vorweihnachtlichen Gefühlswelt einerseits, den gemütlichen Weihnachtsmärkten und dem Verlangen, mit Familie oder Freunden etwas Zeit zu verbringen, und dabei andererseits dem Lärm und Stress standzuhalten, der erfahrungsgemäß vor den Feiertagen tobt. Oft überfordert es, sich da künstlich etwas herstellen zu wollen, auch nicht mit einer frommen Maske, einer aufgesetzten Frömmigkeit oder gar einer Scheinreligiosität.

Jesus warnt eindeutig, dass er es nicht braucht, mit süßlichen Worten angebetet oder umworben zu werden. Er will vielmehr, dass unser gelebtes und alltägliches Leben zum Gebet wird durch das, was wir von ihm hören.

Natürlich lehnt Jesus hier das Beten nicht ab; vielmehr gibt er uns eine Anleitung für eine Art von Exerzitien im Alltag. „Schau, wo du etwas Gutes tun, eine Hand reichen oder ein Lächeln schenken kannst. Das ist so viel wichtiger, als meinen Namen auszurufen und vor dir herzuposaunen. Denn mein Name lebt durch deinen gelebten Glauben fort." Insofern wird dann der Glaube wirklich zum festen Fundament unseres Lebens, wenn wir nämlich erkennen, dass Jesus zur Wirklichkeit wird, wo ich sein Wort nicht nur glaube, sondern umsetze. Gesagt hat uns Jesus genug, was wir, vielleicht besonders im Hinblick auf Weihnachten, anderen zum Geschenk werden lassen können – und so ganz praktisch zeigen, auf welchem Fundament unser Leben ruht.

Freitag der 1. Adventswoche

„Ist es nicht nur noch eine kleine Weile und der Libanon wird zu einem Garten und der Karmel erscheint als Wald? An jenem Tag werden auch die Tauben die Worte der Schrift hören, und, befreit von Dunkel und Finsternis, werden die Augen der Blinden sehen. Die Demütigen haben Freude um Freude über den Herrn und die Ärmsten unter den Menschen jubeln über den Heiligen Israels. Denn der Gewaltherrscher

ist dahin, der Spötter ist verschwunden. Ausgerottet sind alle, die auf Bosheit lauern, die beim Rechtsfall Menschen schuldig sprechen und dem Richter am Tor Fallen stellen und den, der Recht hat, durch nichtige Gründe ins Unrecht setzen. Darum – so spricht der Herr, der Abraham erlöste, der Gott des Hauses Jakob: Jakob soll nicht mehr beschämt werden und sein Angesicht nicht mehr erblassen, denn in seiner Mitte wird er das Werk meiner Hände sehen und meinen Namen wird er heiligen. Sie werden den Heiligen Jakobs heilig halten und den Gott Israels fürchten. Dann werden, die verkehrten Sinnes waren, zur Einsicht kommen, und die murrten, nehmen Belehrung an." (Jesaja 29,17–24)

„Ist es nicht nur noch eine kleine Weile und der Libanon wird zu einem Garten und der Karmel erscheint als Wald?" (Jes 29,17). Schon wieder wird uns heute ein biblischer Text vor Augen gestellt, in dem es um das Aufbrechen der Natur geht; dabei ist der Advent in unseren Breiten ja eine Zeit des Absterbens der Natur, der Herbst liegt in den letzten Zügen, es gibt womöglich den ersten Schnee, da blüht dann erst einmal gar nichts mehr. Genau in dieser Zeit holen wir uns deshalb immergrüne Pflanzen ins Haus, den Adventskranz oder ein Adventsgesteck und dann natürlich die Christbäume.

Es gibt auch die Tradition der sogenannten Barbarazweige. Wer diese um den Barbaratag am 4. Dezember ins Wasser stellt, hat am Weihnachtsfest blühende Äste im Wohnzimmer stehen. Diese Tradition geht auf eine Legende zurück, wonach die heilige Märtyrin Barbara auf dem Weg in ihr Gefängnis an einem Ast hängenblieb, den Sie dann behielt und regelmäßig mit Wasser benetzte. Am Tag ihres Martyriums trieb er dann Blüten aus.

Für uns sind die Worte von den Steppen und Wüsten, die zu einem Garten werden, zu blühenden Wiesen und dichten Wäldern, ein Hinweis auf die Fülle, die uns erwartet, die uns an Weihnachten geschenkt wird. Das frische Grün, die neuen Knospen und Blüten versinnbildlichen uns den kleinen Anfang, den Gott an Weihnachten gesetzt hat in seinem Sohn, der als kleines Menschenkind in der Krippe lag.

Jede Adventszeit bietet uns die Chance, uns neu mit dem Wasser zu stärken, welches uns aus der Quelle unseres Glaubens in Fülle zuströmt, damit wir weiter wachsen können im Glauben, im Leben, als Christinnen und Christen. Jesus will nämlich unser Wachstum, er ermöglicht uns Reifung, er begleitet uns auf unserem täglichen Lebens- und Glaubensweg, und darum brauchen wir auch jedes

Jahr aufs Neue diese Zeit des Advents. So schnell nämlich verblühen im übertragenen Sinn unsere guten An- und Vorsätze wieder, wir fallen zurück in den alten Trott, auch spirituell. Jesus aber will uns in frischem Grün sehen, er will uns blühend sehen; und nur so können wir wirklich zu weihnachtlichen Menschen werden, wenn wir uns von ihm das größte Weihnachtsgeschenk geben lassen. Dieses ist die Möglichkeit, sich von ihm her immer wieder erneuern lassen zu dürfen, um in noch prachtvollerer Blüte zu stehen wie ein dürrer Zweig, den man ins Wasser stellt und der austreibt und grünt und blüht, auch mitten im Winter.

Samstag der 1. Adventswoche

„Jesus zog durch alle Städte und Dörfer, lehrte in ihren Synagogen, verkündete das Evangelium vom Reich und heilte alle Krankheiten und Gebrechen. Dann rief er seine zwölf Jünger zu sich und gab ihnen Vollmacht, unreine Geister auszutreiben und alle Krankheiten und Gebrechen zu heilen. Er gebot ihnen: Geht zu den verlorenen Schafen des Hauses Israel. Geht und verkündet: Das Himmelreich ist nahe. Heilt Kranke, erweckt Tote, macht Aussätzige rein, treibt Dämonen aus! Umsonst habt ihr empfangen, umsonst sollt ihr geben." (Matthäus 9,35;10,1.6–8)

Die Jünger werden von Jesus in die Zeit gesandt mit einem klaren Auftrag: „Geht und verkündet meine Botschaft und wirkt mit den Gaben, die ich euch gegeben habe, behaltet sie nicht für euch" (vgl. Mt 10,7–8). Er hat den Jüngern mit ihrer Berufung auch Gaben geschenkt; in diesem Textabschnitt wird von den Gaben gesprochen, Menschen zu heilen, Dämonen auszutreiben oder gar Tote aufzuwecken.

Wenn ich in mein Leben schaue, dann habe ich solche Wundertaten noch nicht vollbringen können, meine Gaben sind es also nicht. Bin ich unbegabt, nicht berufen? Vielleicht lohnt es sich, die Forderung Jesu näher anzuschauen und für das eigene Leben fruchtbar zu machen.

Jeder von uns hat seine Gaben; es hört sich schon fast platt an. Doch haben wir wirklich nicht die Möglichkeiten der Jünger? Auch ich kann doch in meiner Umgebung Heil gegen Unheil stellen, in der Familie, am Arbeitsplatz oder in der Schule. Wenn ich genau hinschaue, dann gibt es auch in meiner Umgebung immer wieder unheilvolle Momente und Kräfte, gegen die ich vielleicht ein Zeichen des Heils setzen kann. Ich kann sicher keine Toten auferwecken, aber ich kann meine Lebendigkeit einbringen in Situationen, die sich totgelaufen haben, sie zu Mitmenschen bringen, die vor Traurigkeit und Resignation vom Leben nichts mehr wissen wollen. Es gäbe viele Beispiele.

Jesus hat seine Jünger mit der Berufung ausgestattet, das Leben zu verkünden. Der Johannesbrief sagt an einer Stelle, dass an Weihnachten „das Leben erschienen" (1 Joh 1,2) ist. Vielleicht können wir in dieser Adventszeit etwas Leben bringen, etwas von dem Leben, das Jesus uns geschenkt hat. Was wäre das für ein Geschenk für uns und für die, die vielleicht durch uns wieder etwas mehr zum Leben kommen?

6. Dezember: Heiliger Nikolaus von Myra

„Dann hörte ich die Stimme des Herrn, der sprach: Wen soll ich senden? Wer wird für uns gehen? Da antwortete ich: Hier bin ich, sende mich!" (Jesaja 6,8)

So viele Legenden, Mythen und Geschichten sich auch um den in aller Welt beliebten heiligen Bischof Nikolaus ranken, so wenige Fakten gibt es über die historische Person. Im dritten Jahrhundert in gutem Hause geboren, schlug er eine geistliche Laufbahn ein, erlebte Christenverfolgung, nahm wohl am Konzil von Nicäa teil und verteilte das Vermögen, das er erbte, in der armen Bevölkerung.

Ob die vielen Legenden, die sich um das Leben des Bischofs ranken, der Wahrheit entsprechen oder nicht, ist, wie ich meine, eigentlich irrelevant. Wichtig ist doch, dass diese den heiligen Bischof als einen Mann beschreiben, der zutiefst das gelebt hat, was er glaubte. Er hat sich, wie es in dem Text von Jesaja heißt, rufen lassen und diesen Ruf an- und ernst genommen; so ernst, dass er schon zu Lebzeiten zu einer Ikone wurde. Die eigentliche Heldentat, wenn man so will, war dabei, dass er durch sein Leben, seinen Umgang mit den Menschen, Christus erfahrbar gemacht hat, Christus strahlte durch seine Taten im Leben derer auf, denen er half und in schweren Situationen zur Seite stand, und zwar in allen Lebenslagen. Er ist in seinem Dunstkreis an die Ränder gegangen, dorthin, wo man nur im Halbschatten ging, wo nicht viel Gutes zu finden war. Er war wie eine kleine Kerze, die die Dunkelheit der Lebensräume von Menschen erhellte, die im Dunkeln tappten.

Wer weiß, was der junge Nikolaus sich für sein Leben einmal vorgestellt hat, jedenfalls hat er es nicht festgehalten. Auch dehnte er seine geistlichen Räume, vor allem das Leben im Raum des Klosters, dem er vor seinem bischöflichen Dienst als Abt vorstand, aus, um dorthin zu gehen, wo er Christus vermutete, in den Armen und Bedrängten. Ein solcher Nikolaus unserer Tage ist Papst Franziskus, und vielleicht kennen wir auch in unserer Umgebung solche „Nikoläuse", Menschen, die nicht viel aus sich machen, dabei aber viel um andere Sorge tragen: die Pflegekräfte, die Rettungskräfte, die Flüchtlingshelfer...

Wenn wir in diesen Tagen immer wieder die „Nikoläuse" zu den Kindern oder zu den Alten, zu den Kranken oder Armen gehen sehen, sollten wir an die Bereitschaft des heiligen Nikolaus denken, der sich hat senden lassen, der sein Leben zu einem Geschenk hat werden lassen im Kleinen und im Verborgenen. Schon zu seinen Lebzeiten und bis heute bewahrheitet sich an ihm und an so vielen Menschen, die ihr Leben selbstlos in den Dienst anderer Menschen stellen, das Wort Jesu: „Nichts ist verhüllt, was nicht enthüllt, und nichts verborgen, was nicht bekannt wird" (Lk 12,2). Das Beispiel des Nikolaus will uns ermutigen, in dieser adventlichen Zeit nicht nur Geschenke zu kaufen oder zu horten, sondern selbst zu einem Geschenk für andere zu werden oder sich beschenken zu lassen.

8. Dezember: Hochfest der ohne Erbsünde empfangenen Jungfrau und Gottesmutter Maria

„Im sechsten Monat wurde der Engel Gabriel von Gott in eine Stadt in Galiläa namens Nazaret zu einer Jungfrau gesandt, die mit einem Mann namens Josef aus dem Haus Davids verlobt war. Der Name der Jungfrau war Maria. Er trat bei ihr ein und sagte: Sei gegrüßt, du Begnadete, der Herr ist mit dir. Sie erschrak über das Wort und sann nach, was dieser Gruß bedeuten solle. Der Engel sagte zu ihr: Fürchte dich nicht, Maria; denn du hast bei Gott Gnade gefunden. Du wirst ein Kind empfangen, einen Sohn wirst du gebären; ihm sollst du den Namen Jesus geben. Er wird groß sein und Sohn des Höchsten genannt werden. Gott, der Herr, wird ihm den Thron seines Vaters David geben. Er wird herrschen über das Haus Jakob in Ewigkeit und seine Herrschaft wird kein Ende haben. Maria sagte zu dem Engel: Wie soll dies geschehen, da ich keinen Mann erkenne? Der Engel antwortete ihr: Heiliger Geist wird über dich kommen und Kraft des Höchsten wird dich überschatten. Deshalb wird auch das Kind heilig und Sohn Gottes genannt werden. Auch Elisabet, deine Verwandte, hat noch einen Sohn empfangen in ihrem Alter und dies ist schon der sechste Monat für sie, die als

unfruchtbar galt. Denn für Gott ist nichts unmöglich. Da sagte Maria: Ich bin die Magd des Herrn; mir geschehe nach deinem Wort. Dann verließ sie der Engel." (Lukas 1,26–38)

Das heutige adventliche Hochfest feiern wir genau neun Monate vor dem Fest der Geburt Mariens am 8. September. Wir feiern heute, dass Maria allein durch Gottes Gnade von der Erbsünde bewahrt wurde. Zugegeben, dieses Wort ist nicht nur sperrig, es sperren sich auch viele Menschen bei diesem Thema. Mit dem Wort Erbsünde ist aber nicht gemeint, dass ich mich einmal oder einmal mehr schlecht vor Gott verhalten habe. Es meint den generellen Hang des Menschen zum Abgründigen und zum Bösen, der nun einmal tief in uns verwurzelt ist, nicht nur zu Mord und Totschlag, sondern zum alltäglichen Unguten.

Verstehen können wir das, wenn wir auf Adam und Eva schauen: Sie, die alles gehabt haben, die vollkommene Fülle, das Paradies eben, wollten mehr und haben sich von Gott abgewandt und entschieden, eine andere Richtung zu gehen. Das ist die Ursünde: zu meinen, es besser zu können als Gott, und sich seinem Zutrauen, welches er in uns legt, zu entziehen.

Maria hat dieses menschliche Verhalten von Gottes Gnade her sozusagen wieder geradegerückt. Sie hat „Ja" gesagt und voll durchgetragen: in der geheimnisvollen Ankündigung der Geburt durch den Engel, durch die Ablehnung bei der Herbergssuche und die anschließende Flucht nach Ägypten, durch die Zeit, als ihr Jesus als Sohn immer mehr und mehr entglitt und schlussendlich unterm Kreuz. Maria hat ihr „Ja" gesagt und es gehalten, durchgetragen und geglaubt, dass sie sich nicht, niemals zu fürchten braucht, weil Gott mit ihr ist. Damit ist sie für uns alle ein leuchtendes Vorbild und vor allen Dingen ein Zeichen der Hoffnung für Generationen von Menschen geworden. Sie bezeugt, dass Gott uns durch die Zeiten trägt und begleitet. Wir dürfen „Ja" zu ihm sagen und er wird uns helfen, dieses „Ja" beständig zu leben, denn schließlich gilt auch uns dieses einfache, schlichte und doch so existenzielle Wort: „Fürchte dich nicht" (Lk 1,30).

2. Adventssonntag

„*In jenen Tagen trat Johannes der Täufer auf und predigte in der Wüste von Judäa: Kehrt um; denn das Himmelreich ist nahe. Dieser nämlich ist es, von dem durch den Propheten Jesaja gesagt worden war: Eine Stimme ruft in der Wüste: Bereitet den Weg des Herrn! Macht seine Straßen eben! Er aber, Johannes, trug ein Gewand aus Kamelhaaren und einen ledernen Gürtel um seine Hüften. Seine Nahrung waren Heuschrecken und wilder Honig.*" (Matthäus 3,1–4 im Lesejahr A)

„*Es begann, wie beim Propheten Jesaja geschrieben steht: Ich sende meinen Boten vor dir her; er wird deinen Weg bereiten. Eine Stimme ruft in der Wüste: Bereitet den Weg des Herrn! Macht seine Straßen eben! Johannes der Täufer trat in der Wüste auf und verkündete eine Taufe der Umkehr zur Vergebung der Sünden.*" (Markus 1,2–4 im Lesejahr B)

„*Da erging in der Wüste das Wort Gottes an Johannes, den Sohn des Zacharias. Er kam in das Land am Jordan und predigte eine Taufe der Umkehr zur Vergebung der Sünden, wie im*

Buch der Reden des Propheten Jesaja geschrieben steht: Eine Stimme ruft in der Wüste: Bereitet den Weg des Herrn! Macht seine Straßen eben! Jedes Tal soll aufgefüllt und jeder Berg und Hügel abgetragen werden. Was krumm ist, soll gerade, und was rau ist, zu ebenen Wegen werden, und alles Fleisch soll Gottes Heil schauen!" (Lukas 3,2–6 im Lesejahr C)

Der zweite Adventssonntag stellt uns traditionell den Täufer Johannes vor Augen, den letzten Propheten, den Grenzgänger zwischen den Testamenten, den Vorläufer und Ankündiger Jesu. Johannes der Täufer, er war der Rufer in der Wüste, der sich ganz zurückzustellen wusste hinter seinen großen Auftrag und hinter seinen Herrn. Er hat vielleicht für manch einen polternd geklungen, war auch abschreckend in seinem Auftreten, aber vor allem wollte er die Menschen, damals wie heute, ganz persönlich ins Herz treffen mit seiner Botschaft: „Du, ebne deinem Herrn einen Weg. Er ist der Gerechte, der Liebende, für ihn lohnt es sich, einzutreten und sein Wort glaubend zu leben." Das, was Johannes von Jesus verstanden hat, wollte er unbedingt weitergeben; in prophetischer Manier hat es ihn gedrängt, rauszugehen als Freudenbote und diese Botschaft an den Mann und die Frau zu bringen. Der Name Johannes bedeutet: Gott ist gnädig. Johannes hat zutiefst an diese Gnade geglaubt und sich von ihr so einnehmen lassen, dass er zum Propheten für Jesus wurde. Auch wenn wir nicht gleich zum Propheten werden müssen, können wir dennoch besonders in dieser Adventszeit einmal innehalten und uns fragen, wo ich in meinem Leben die Spuren von Gottes Gnade erkenne und welche Konsequenzen ich daraus im Alltag ziehe. Bin ich gnädig?

Lasse ich Gnade vor Recht ergehen? Gebe ich weiter, was ich selbst empfangen habe, und bin ich mir überhaupt bewusst, dass auch ich immer wieder etwas empfange von Gott?

Vielleicht suche ich mir heute am zweiten Advent einen ruhigen Moment, mache bewusst die zweite Kerze an und danke Gott dafür, dass er auch in meinem Leben ankommen will. Johannes war ein adventlicher Mensch, da er das Leben der Menschen für die Ankunft Jesu vorbereiten wollte. Von dieser adventlichen Haltung des Johannes können wir sicher etwas mitnehmen.

Montag der 2. Adventswoche

„Jauchzen sollen Wüste und dürres Land, jubeln soll die Steppe und erblühen. Wie eine Lilie soll sie blühen und jauchzen in hellem Jubel. Die Pracht

des Libanon wird ihr geschenkt, die Schönheit von Karmel und Scharon. Nun schauen sie die Herrlichkeit des Herrn, den Glanz unseres Gottes. Stärkt die erschlafften Hände, und festigt die wankenden Knie! Sagt den verzagten Herzen: Mut! Fürchtet euch nicht! Seht da, euer Gott! Es kommt die Rache, es naht Gottes Vergeltung! Er selber kommt, um euch zu retten. Dann öffnen sich die Augen der Blinden und tun sich die Ohren der Tauben auf. Dann springt der Lahme wie ein Hirsch, und die Zunge der Stummen jubelt. Denn in der Wüste brechen Wasser hervor und Bäche in der Steppe. Der dürre Boden wird zum See und das lechzende Land zu Wasserquellen. An dem Ort, wo Schakale hausten, sprossen grünes Gras und Schilf. Dort entsteht eine reine Straße, man nennt sie Heiliger Weg. Kein Unreiner darf ihn betreten, und Toren irren nicht auf ihm herum. Dort gibt es keine Löwen, ihn betritt kein wildes Tier; nur die Erlösten gehen auf ihm. Die Befreiten des Herrn kehren heim und kommen mit Jauchzen nach Zion, ewige Freude auf ihrem Haupt. Sie erlangen Freude und Wonne, es fliehen Kummer und Seufzen." (Jesaja 35,1–10)

Es sind die großen und farbenprächtigen Verheißungen des Jesaja, die ihn zum adventlichen, zum weihnachtlichen Propheten machen. Dabei dürfen wir bei aller Schönheit der Bilder nicht das „schon" mit dem „noch nicht" verwechseln. Dem Volk Israel wird für die Treue zu Gott eine große und schillernde Zukunft verheißen, die hungrig machen will und helfen soll, temporäre Schwierigkeiten zu ertragen. Der Prophet will dem Gottesvolk zeigen, dass es auch in unwägbaren Situationen nicht von seinem Gott verlassen ist, und damit spricht er einen urmenschlichen Fehlschluss an: „Geht es mir gut, ist Gott mit mir; geht es mir schlecht, hat er mich verlassen."

Nein, Gott geht mit, immer und überall. Und gerade in den Tiefen und den dunklen Momenten des Lebens ist er schon da; auch wenn wir den Kopf nicht freihaben, um ihn zu erfahren, er bleibt trotzdem an unserer Seite. Umso schöner, umso größer wird dann die Freude sein, wenn Licht am Ende des Tunnels ist, umso tiefer die Gewissheit, niemals alleingelassen zu sein. Es ist der Moment, wo auch wir für andere zu Wortführern der Gottesnähe werden können: „Sagt den verzagten Herzen: Mut! Fürchtet euch nicht! Seht da, euer Gott!" (Jes 35,4) Auch wenn die konsumorientierte Adventszeit die Verhältnisse umkehrt, so gilt doch: Jetzt ist die Zeit der Erwartung, der Verheißung und der Prophetie. Weihnachten ist dann die Erfüllung dessen, was mir jetzt schon mein Herz weit macht. Es lohnt sich, die Adventszeit als eine Vorbereitungszeit zu nutzen, um dann an Weihnachten aus den Vollen zu schöpfen, so als wäre es das erste und einzige Mal, dass mir gesagt wird: Heute ist dir dein Retter geboren, Christus, dein Herr (vgl. Lk 2,11).

Dienstag der 2. Adventswoche

„Was meint ihr? Wenn jemand hundert Schafe hat und eines von ihnen verirrt sich, wird er dann nicht die neunundneunzig auf den Bergen lassen und das verirrte suchen? Und wenn er es findet – Amen, ich sage euch: Er freut sich mehr darüber als über die neunundneunzig, die sich nicht verirrt haben. So ist es auch nicht der Wille bei euerem Vater im Himmel, dass eines von den Kleinen verloren geht."
(Matthäus 18,12–14)

Seien wir doch einmal ehrlich: Wohl kaum ein Hirte würde eine ganze Herde im Stich lassen, um das eine Schaf, das nicht mehr da ist, das sich womöglich verlaufen hat oder schon gerissen worden ist, suchen zu gehen und dadurch die ganze restliche Herde wiederum Gefahren preiszugeben. Das konnten sich auch die Zuhörer Jesu denken, die sich mit diesen Themen besser auskannten als wir.

Aber er, Gott, vom dem Jesus hier spricht, der Vater, der würde es nicht nur so machen, er macht es so. Ohne die anderen Menschen zurück oder gar im Stich zu lassen, sucht mich Gott, geht sogar mit, wenn ich wegrenne, ist schon da, wo ich mich vor ihm verstecke, und wartet, wenn ich wieder zu ihm zurückkomme. Ich bin von Gott umfangen, alles, was in meinem Herzen ist, trägt er mit.

Es ist die adventliche Erfahrung des Menschen, dass Gott nicht nur bei mir ankommt, sondern dass auch ich immer bei ihm rauskomme. Im wunderbaren Psalm 139 heißt es: „Herr, du erforschest mich und du kennst mich. Wenn ich sitze und wenn ich stehe, du weißt es. Meine Gedanken schaust du von ferne, du schaust mich, wenn ich gehe und ruhe; all meine Wege sind dir vertraut." (Verse 1–3).

Hier wird gesagt, dass alle Wege des Lebens letztlich zu Gott führen, dass kein Weg ihm fremd, keiner zu hart oder zu steil, ihm keiner zu weit ist, um nicht zu mir zu kommen. Wir brauchen uns nicht finden zu lassen, weil wir von Gott schon gefunden sind. Die Adventszeit will uns dieses Wunder wieder von Neuem vor Augen stellen, sie lädt uns ein, es wieder an uns geschehen zu lassen: Nicht nur dann und wann, wenn uns danach ist, sondern in seiner ganzen Tiefe. Die Zeit des Advents kann uns eine Hilfe sein, den Weg mit Gott zu Gott zu gehen und zu erfahren, dass wir, wenn wir in die Augen Jesu blicken, in die Augen Gottes schauen, die uns voll Liebe anblicken und sagen: „Da, ich habe dich gefunden, du gehörst zu mir."

Mittwoch der 2. Adventswoche

> *„Kommt alle zu mir, die ihr mühselig und beladen seid; ich will euch Ruhe verschaffen. Nehmt mein Joch auf euch und lernt von mir; denn ich bin sanftmütig und demütig von Herzen und ihr werdet Ruhe finden für euere Seelen. Denn mein Joch ist sanft und meine Last leicht." (Matthäus 11,28–30)*

„Kommt alle zu mir", so lautet eine der bekanntesten Einladungen Jesu an die Menschen. Advent heißt übersetzt „Ankunft"; damit ist die Ankunft des Gottessohnes gemeint. Aber hier lädt dieser uns ein, zu ihm zu kommen, bei ihm anzukommen, bei ihm zur Ruhe zu kommen, zum echten Sein zu kommen, so wie Gott es für uns gedacht hat.

Es gibt eine Diskrepanz zwischen dem, wie Gott uns gedacht hat, und wie wir uns vor ihm – und natürlich voreinander und vor uns selbst – darstellen. Bei Jesus dürfen wir das Joch unserer falschen Vorstellungen, unserer Lasten, die uns unser Ego aufbürdet, loslassen. Vor ihm brauchen wir keine Fassaden aufbauen. Sein Joch heißt: „Sei so, wie du sein sollst, Kind Gottes, geliebt und angenommen, lebe dieses Wissen und setze es im Miteinander um."

Auch wenn unsere Lasten auf dem Weg des Advents hin zu Weihnachten immer größer werden durch die vielen Geschenke, die Feiern, die Unruhe und den Stress, so soll dieser Adventsweg uns doch eigentlich leichter und gelassener machen. Wir sind eingeladen, auf dem Weg zur Krippe alles loszulassen, was uns von Gott ab- und fernhält. Der Weg der Adventszeit kann für uns ein Einüben in die Kunst des Loslassens werden, damit wir mit nichts anderem zur Krippe kommen als mit einem freien Herzen, das Gott in diesem Jesuskind finden möchte. Dann werden wir die Erfahrung der Ruhe und des echten weihnachtlichen Friedens machen. Und es wird erstaunlich: Wir werden nämlich nicht allein an der Krippe stehen. Dort schaut Jesus nämlich jeden einzelnen Menschen mit dem gleichen Blick der persönlichen Wahrnehmung und Wertschätzung an. Diese Erfahrung wird uns dann bereichern und auch unsere Blick auf unsere

Mitmenschen verändern, weil wir alles von Gott weggenommen bekommen, was uns von ihm und voneinander trennt.

Donnerstag der 2. Adventswoche

„Denn ich bin der Herr, dein Gott, der deine Rechte erfasst, der zu dir spricht: Fürchte dich nicht, ich werde dir helfen! Fürchte dich nicht, du armer Wurm Jakob, du Würmchen Israel! Ich selber helfe dir, spricht der Herr; dein Erlöser ist der Heilige Israels. Siehe, ich mache dich zu einem Dreschschlitten, zu einem neuen, mit vielen Schneiden. Du wirst Berge dreschen und zermalmen und Hügel in Spreu verwandeln. Du wirst sie worfeln, der Wind wird sie verwehen und der Sturm sie zerstreuen. Du aber wirst jubeln im Herrn und dich rühmen im Heiligen Israels. Die Elenden und die Armen suchen Wasser, aber es ist keines da; ihre Zunge ist vor Durst vertrocknet. Doch ich, der Herr, ich erhöre sie; ich, der Gott Israels, ich verlasse sie nicht. Auf kahlen Hügeln lasse ich Ströme hervorbrechen und Quellen mitten in den Tälern; die Wüste mache ich zum Teich und zu Quellen dürres Land. Ich lasse in der Wüste Zedern wachsen, Akazien, Myrten und Oliven; ich will Zypressen in der

Steppe pflanzen, Ulmen und auch Fichten. Sie sollen sehen und erkennen, beachten und verstehen, dass die Hand des Herrn dies getan, dass der Heilige Israels es geschaffen hat." (Jesaja 41,13–20)

Herr und Knecht, Herr und Sklave, Herr und Diener – das Gefälle ist klar, das *who is who* deutlich geklärt. Vor dem Herrn hat man Respekt, Ehrfurcht, vielleicht sogar Angst. „Ich bin der Herr, dein Gott", eröffnet der heutige Lesungstext beim Propheten Jesaja. Aber er geht anders weiter, als wir das vielleicht erwarten würden. Der Herr, vor dem man im Zweifelsfall auf Knien seine Bitten vorbringt mit niedergeschlagenen Blicken, sagt, dass er der Herr ist, der meine Hand ergreift, bei dem ich mich vor nichts fürchten muss, ja, der mir helfen wird. Dieser Herr hat seinen Namen zum Programm gemacht.

Der Gottesname JHWH heißt übersetzt: „Ich bin" (vgl. Ex 3,14). Er definiert sein Herrschertum nicht in Abgrenzung zum Volk, sondern in seiner Selbstverpflichtung zum vollkommenen Dasein für den Menschen, für mich. Er ist nicht abgehoben und weit weg, entfernt von den Untertanen, sondern so nah an uns dran, dass er unsere Hand ergreifen kann.

Dieser Gott begleitet uns durch den Advent hin zur Krippe. In dieser Krippe liegt dann sein Sohn

Jesus, dessen Name eine Erweiterung des Gottesnamens ist: „Ich bin da, der dich rettet". Die Hand bleibt ausgestreckt und präsent und zieht mich. Und nun ist es sogar der Mensch, der sich zu diesem Herrn runterbeugen muss, um seine Hand zu ergreifen, runterbeugen in die Krippe, um die zarten Finger des Neugeborenen berühren zu können.

Diese Hand des Herrn, die alles erschaffen hat, ist sich nicht zu schade, auch mich, sein Geschöpf, zu ziehen auf die Wege des Lebens, zu tragen durch die Dunkelheit zum Licht der Krippe. Erstaunlicherweise scheinen wir viel Mut zu brauchen, diese Hand zu ergreifen. Warum trauen wir ihr so wenig? Vielleicht, weil wir anderes von einem Herrn erwarten, als dass er uns die Hand reicht, in die Augen schaut und uns ins Gesicht sagt: „Fürchte dich nicht, ich bin da für dich."

Freitag der 2. Adventswoche

„Mit wem soll ich dieses Geschlecht vergleichen? Kindern gleicht es, die auf den Marktplätzen sitzen und den anderen zurufen: Wir haben euch mit Flöten aufgespielt und ihr habt nicht getanzt! Wir haben Klagelieder gesungen und ihr habt euch nicht an die Brust geschlagen! Denn Johannes ist

gekommen. Er aß nicht und trank nicht. Da sagen sie: Er hat einen Dämon. Der Menschensohn ist gekommen. Er isst und trinkt. Da sagen sie: Seht den Schlemmer und Trinker, den Freund von Zöllnern und Sündern! Und doch empfing die Weisheit aus den von ihr bewirkten Taten ihre Rechtfertigung." (Matthäus 11,16–19)

Wie oft erkennen wir uns an so manch einem Tag selbst nicht ganz wieder? Was ich habe, das will ich nicht, und was ich will, das habe ich nicht. Wie kann sich denn da Zufriedenheit einstellen? Sigmund Freud hat einmal sinngemäß gesagt, dass vollkommenes Glück in der Ordnung der Schöpfung nicht vorgesehen sei. Theologisch könnte man diesen Gedanken weiterspinnen und auf die Ewigkeit bei Gott verweisen. Doch was bleibt mit meinen unerfüllten Sehnsüchten und Wünschen, mit latenter Unzufriedenheit und meinem Fragen nach dem berühmten „was wäre wenn"?

Im Laufe meines Lebens und meines Erlebens wird mir immer klarer, dass ich die Geduld als Tugend noch nicht wirklich in mein Leben integriert habe. Wie man als Kind das Weihnachtsfest kaum erwarten kann, und schneller als man sich versah, war es da und dann auch schon wieder vorbei, so will man verständlicherweise oft möglichst schnell in den Dingen des Lebens Klarheit und eine Richtung, eine Entscheidung und ein Ziel vor Augen. Doch dieses Glück, welches uns anteilhaft schon geschenkt werden mag, ist nicht der Normalzustand unseres Lebens. Der Normalzustand ist der Weg, das Gehen, die Fragen und gegebenenfalls auch die Zerrissenheit, wie es uns Jesus im Evangelium vor Augen stellt. Der Advent aber kann uns helfen, im Moment zu verharren, zu spüren, was jetzt in mir ist, was ich jetzt brauche, was jetzt ansteht, einmal innezuhalten und den Moment zu nutzen, Bestandsaufnahme zu machen. Das Ziel jetzt ist Weihnachten, das Ziel des Lebens ist die Fülle, die mir dieses Leben nicht in ihrer Vollform schenken kann. Vielleicht gehe ich ja leichter durch den Tag, wenn ich lerne, dies ein Stück weit zu akzeptieren.

Samstag der 2. Adventswoche

„Während Jesus und seine Jünger den Berg hinabstiegen, fragten ihn die Jünger: Warum sagen denn die Schriftgelehrten, zuerst müsse Elija kommen? Er antwortete: Gewiss, Elija kommt und wird alles wiederherstellen. Ich sage euch aber: Elija ist schon gekommen, doch sie haben ihn nicht erkannt,

sondern mit ihm gemacht, was sie wollten. Das Gleiche wird auch der Menschensohn durch sie erleiden. Da verstanden die Jünger, dass er zu ihnen von Johannes dem Täufer sprach." (Matthäus 17,9a.10–13)

Er kam, ist schon da und wird noch kommen, sagt Jesus über Elija, doch gelernt haben die Menschen nichts, denn sie haben „mit ihm gemacht, was sie wollten" (Mt 17,12). Es ist die Erfahrung, die auch wir machen. Jesus ist gekommen und geboren worden und er soll wiederkommen in Herrlichkeit, wie es im Glaubensbekenntnis so schön heißt, und doch begehen wir jedes Jahr den Advent. Vielleicht ist ein Grund, dass wir es eben noch nicht richtig begriffen haben, dass wir noch keine wirklichen Konsequenzen aus dem ersten und einzigen Weihnachten vor über 2000 Jahren gezogen haben.

Es geht hier gar nicht um die Frage, ob auch wir machen, was wir wollen, sondern vielmehr darum, ob dieses singuläre Heilsereignis in der Geschichte uns auch heute noch so angeht, dass wir sagen und vor allem glauben können, dass in Jesus Christus unser Erlöser, mein Erlöser zu mir gekommen ist.

Von den Jüngern im Evangelium heißt es am Schluss, dass sie verstanden haben, wovon Jesus sprach. Doch erfasst mit ganzem Herzen haben auch sie es nicht, denn dann wäre die Geschichte mit Jesus anders ausgegangen. Wir Menschen brauchen nun einmal, leider Gottes, immer wieder die Erinnerung, dass es diesen Jesus gibt und er unser Leben bereichern und voranbringen will. Darum feiern wir auch heute noch seine Geburt, seinen Tod und seine Auferstehung, damit wir vielleicht peu à peu etwas mehr verstehen von dem, was schon Generationen vor uns versucht haben zu erfassen. Wir sollten uns Momente suchen und möglich machen, wo wir einmal innehalten, um nachdenken zu können, was Advent, was Weihnachten eigentlich für mein Leben wirklich bedeutet.

3. Adventssonntag

„Stärkt euere Herzen, denn die Ankunft des Herrn ist nahe. Klagt nicht übereinander, Brüder, damit ihr nicht gerichtet werdet. Seht, der Richter steht vor der Tür. Brüder, nehmt euch im Ertragen von Leiden und im geduldigen Ausharren die Propheten zum Vorbild, die im Namen des Herrn geredet haben." (Jakobusbrief 8b–10 im Lesejahr A)

„Freut euch allezeit! Betet ohne Unterlass! Dankt für alles; denn so will es Gott von euch in Christus Jesus. Löscht den Geist nicht aus! Verachtet nicht prophetisches Reden! Prüft alles und behaltet das Gute!" (1. Thessalonicherbrief 5,16–21 im Lesejahr B)

„Freut euch im Herrn allezeit! Noch einmal will ich es sagen: freut euch! Euer gütiges Wesen sollen alle Menschen erfahren. Der Herr ist nahe. Um nichts macht euch Sorgen, bringt vielmehr in jeder Lage euere Anliegen durch Bitten und Flehen mit Dank vor Gott. Dann wird der Friede Gottes, der alles Begreifen übersteigt, euere Herzen und euere Gedanken in Christus Jesus bewahren." (Philipperbrief 4,4–7 im Lesejahr C)

Da der Ottonormal-Mönch keinen Fernseher hat, kommt er auch nicht in die Versuchung, die angesagten Reality-TV-Sendungen zu sehen, die es da so alle gibt; er kommt nicht in die Versuchung, sich die vielen Seelen-Striptease ansehen zu müssen, die ja sowieso keiner schaut, über die aber doch so viele reden und die in aller Munde sind. So viel Müll flimmert täglich über unzählige Bildschirme und lässt uns an unwichtigen Details aus dem Leben der B- bis C-Prominenz teilhaben. Doch was wissen wir schon wirklich über diese Menschen, über die Hoffnungen und Sorgen, über das Innenleben und die Fragen, die diese Menschen im Innersten bewegen?

Die Lesungen des 3. Adventssonntags geben uns einen guten Ratschlag: Redet einmal von eurer Hoffnung, von dem, was euch bewegt, was euch lebendig macht und existenziell Glück bringt. Vor allem der Apostel Paulus lädt dazu immer wieder ein, über seinen Glauben und seine Hoffnung zu sprechen. Und er animiert seine Leserinnen und Leser damals und heute, von dem zu reden, was wirklich lebendig macht: von der Freude an Gott.

Wie viele Worte, die uns so am Tag über die Lippen kommen, sprechen schon von der Hoffnung, die uns erfüllt, von der existenziellen Freude, die uns der Glaube schenkt? Oder wie oft sprechen wir über die existenziellen Zweifel, die wir haben,

Zweifel an der Welt oder an Gott? Vielleicht könnten wir in unserer unmittelbaren Nähe auf Menschen treffen, die davon etwas mitnehmen könnten, wenn wir unsere Gedanken und Fragen in einem ehrlichen und offenen Rahmen teilen würden.

Gott teilt sich uns an Weihnachten mit durch sein Wort, das Mensch wird. Jesus zeigt durch sein Leben, wie Gott ist, mitten unter uns. Auch wir sind eingeladen, dieses Geschenk in die Welt zu tragen, kurz, unsere Freuden und Hoffnungen, die Sorgen und Ängste, die uns bewegen, zu teilen. Vielleicht kann das für jemanden zu einem großen Geschenk werden und Türen zu Gott und den Menschen öffnen, die noch geschlossen sind.

Montag der 3. Adventswoche

„Als er in den Tempel ging und lehrte, kamen die Hohenpriester und Ältesten des Volkes zu ihm und sagten: Mit welcher Vollmacht tust du dies und wer hat dir diese Vollmacht gegeben? Jesus antwortete ihnen: Auch ich will euch eine Frage vorlegen und wenn ihr sie mir beantwortet, dann werde auch ich euch sagen, mit welcher Vollmacht ich dies tue. Woher war die Taufe des Johannes? Vom Himmel oder von Menschen? Da überlegten

> *sie miteinander: Sagen wir: Vom Himmel, so wird er uns erwidern: Warum habt ihr ihm dann nicht geglaubt? Sagen wir aber: Von Menschen, dann haben wir die Menge zu fürchten; denn alle halten Johannes für einen Propheten. So antworteten sie Jesus: Wir wissen es nicht. Da erwiderte er ihnen: Dann sage auch ich euch nicht, mit welcher Vollmacht ich dies tue."* (Matthäus 21, 23–27)

Nicht wenige Menschen versuchen jedes Jahr aufs Neue, sich allem adventlichen Trubel zu entziehen. Damit meine ich allerdings nicht die Weihnachtsmärkte, die Shopping-Touren und den Glühwein, sondern den inhaltlichen Teil – man braucht keinen Adventskranz, keine Lichterketten und keinen Christbaum, wozu auch, man glaubt ja sowieso nicht an irgendetwas von dem, was Weihnachten bedeutet.

Ein bisschen ist es wie mit Jesus und den Pharisäern. Jesus weiß vielleicht ganz genau, dass er diese mit Worten nicht überzeugen kann, denn eigentlich wollen sie gar nicht überzeugt werden, ihre Meinung steht nämlich bereits. Jesus spürt das. Sie wollen das, was er ihnen durch seine Worte und durch sein Tun sagen will, nicht hören, weil es ihren eigenen Lebens- und Glaubensstil infrage stellen würde. Und wer lässt sich schon gern infrage stellen?

Wer nicht glauben will, wer sich wirklich innerlich sperrt, bei dem kommen auch nur schwer die richtigen Worte oder ein authentisches Lebenszeugnis an. Zugegeben: Von außen betrachtet ist auch manches von Jesu Botschaft nur schwer zu verstehen, auch vielen Glaubenden geht es da nicht anders. Aber der Glaube schafft ein Vertrauen zum Herrn, der in die Lage versetzt, auch manches stehen zu lassen, geduldig zu warten, bis sich Verständnis einstellt. Die alten Mönche entwickelten dafür die Methode der Ruminatio, des Widerkäuens, der beständigen Betrachtung und Beschäftigung mit dem Wort Gottes.

Wir haben jedes Jahr im Advent neu die Chance, ein wenig mehr zu verstehen, zu kapieren von dem, was Gott uns durch Jesus sagen will, wir können durch unseren Glauben täglich neu Jesus kennen- und liebenlernen und erfahren, dass er uns Leben in Fülle schenken will (vgl. Joh 10,10). Die „Hohenpriester und die Ältesten des Volkes" (Mt 21,23) haben gemeint, sie hätten schon alle Weisheit und alle Fülle des Glaubens erfasst, daher war Jesus mit seiner radikalen Botschaft für sie nur störend. Uns aber kann gerade die Adventszeit helfen, Störendes auf dem Weg zu Jesus aus unserem Leben wegzuschaffen, um uns wieder neu an ihm auszurichten.

Störend sind falsche Sicherheiten und Gewissheiten, die mir suggerieren, ich bräuchte kein Wachstum und keine Reifung mehr. Doch wer, Hand aufs Herz, könnte das schon ernsthaft von sich behaupten?

Dienstag der 3. Adventswoche

"So spricht der Herr: Wehe der widerspenstigen und besudelten, der gewalttätigen Stadt! Sie hört auf kein Wort, nimmt keine Zurechtweisung an, vertraut nicht auf den Herrn und sucht nicht die Nähe ihres Gottes. Dann will ich den Völkern reine Lippen schaffen, dass sie alle den Namen des Herrn anrufen und ihm dienen, Schulter an Schulter. Von jenseits der Ströme von Kusch bringen mir meine Anbeter als Gabe die Gemeinde meiner Verstreuten. An jenem Tag brauchst du dich nicht mehr zu schämen wegen all deiner Taten, womit du dich gegen mich vergangen hast. Denn dann schaffe ich fort aus deiner Mitte deine stolzen Prahler, und du wirst nicht mehr hochmütig sein auf meinem heiligen Berg. Ich lasse in deiner Mitte übrig ein Volk, demütig und gering. Es findet seine Zuflucht beim Namen des Herrn. Israels Rest wird kein Unrecht mehr tun und

nichts Lügnerisches reden; in ihrem Mund findet man kein trügerisches Wort mehr. Ja, sie gehen auf die Weide, lagern sich, und niemand stört sie auf." (Zefanja 3,1–2.9–13)

Überheblichkeit ist wohl eines der größten Hindernisse auf dem Weg zu Gott, sie ist wie eine unüberwindliche Mauer, die da im Weg steht, die uns überall und zu jedem Zeitpunkt im Wege stehen kann und uns bewusst macht, wie weit wir noch weg sind von Gott – und den Menschen. Die Lesung aus dem Buch Zefanja spricht zwar von Jerusalem als *„der widerspenstigen und besudelten, der gewalttätigen Stadt"*, aber gemeint sind genauso unsere Kirche und vor allem wir selbst. Der Prophet enttarnt meine Überheblichkeit, meine falsche und eingeredete Sicherheit und meine zur Schau gestellte vermeintliche Überlegenheit anderen gegenüber. Dieser Text lädt mich ein, darüber nachzudenken, wo ich solche Verhaltensweisen und inneren Haltungen in meinem Leben an den Tag lege im direkten oder auch indirekten Umgang mit Menschen, in der Familie, am Arbeitsplatz, in der Fußgängerzone, beim Lesen der Zeitung. Wo sehe ich mich über anderen stehen, wo bin ich mir sicher, besser zu sein als mein Nächster?

Die großen Bedrohungen für die Stadt Jerusalem waren nicht nur die Völker um sie herum, die Bedrohung kam auch und vor allem aus ihrem Inneren selbst – wie bei mir auch. Ich bin mir meine größte Gefahr auf dem Weg zu Gott. Und Gott weiß das. Darum will er auch nicht zerstören, sondern reinigen und neu aus- und aufrichten, damals Jerusalem und heute seine Kirche und auch mich. Sich seiner eigenen Bedürftigkeit und Kleinheit bewusst zu werden, ist ein wesentlicher Lernschritt in der Adventszeit, der wirklich befreien kann. Muss ich denn überhaupt die große Leuchte sein, für die ich mich halte? Eine kleine Kerze schafft es doch auch schon, einen dunklen Raum in ein warmes Licht zu tauchen, warum meine ich, ein Flutscheinwerfer in einem Stadion sein zu müssen?

Gott lädt mich ein, mit meiner Armut und in Demut zu ihm zu kommen, bei ihm Zuflucht zu suchen wie das gebeutelte Volk, von dem Zefanja spricht. Und damit deutet er auf Jesus, der diese Spielchen mit den Obrigkeiten seiner Zeit auch mitgemacht hat. Er sagt, dass die Schriftgelehrten und die Volksältesten in ihrem Hochmut nichts verstanden haben und zeigt, dass die Zöllner aber und Dirnen (vgl. Mt 21,32), der Abschaum, die also, die für die Mehrheit nicht galten und nichts wert waren, offen seien für die Botschaft Gottes. Jesus stellt diese Menschen ins Rampenlicht und hält sie hoch, damit ihre Offenheit für sein Wort auch uns den richtigen Weg leuchte, den Weg, der uns zum Weihnachtsfest führt, den Weg, der ein übergroßes Ego klein und demütig macht, der uns aber in eine neue Freiheit führt, in der es keine Überheblichkeit braucht, sondern vor allem ein kindliches Vertrauen.

Mittwoch der 3. Adventswoche

"Ich bin der Herr, und sonst ist niemand. Ich bilde das Licht und erschaffe die Finsternis, ich wirke das Heil und schaffe das Unheil; ich bin der Herr, der all dies wirkt. Taut, ihr Himmel, aus der Höhe, und ihr Wolken, lasst Gerechtigkeit regnen! Die Erde tue sich auf und bringe das Heil hervor, sie lasse Gerechtigkeit sprießen. Ich, der Herr, will es vollbringen. Denn so spricht der Herr, der den Himmel schuf, der Gott ist, der die Erde gebildet hat und geformt und der sie erhält, der sie nicht als Chaos erschaffen, sondern zum Bewohnen gebildet hat: Ich bin der Herr und keiner sonst! Denn es gibt keinen Gott außer mir, dem gerechten Gott und dem Retter, keinen neben mir. Darum wendet

euch zu mir und lasst euch retten, all ihr Enden der Erde! Denn ich bin Gott und keiner sonst! Ich habe bei mir geschworen; von meinem Mund geht Wahrheit aus, ein unwiderrufliches Wort: Vor mir wird sich jedes Knie beugen und jede Zunge wird bei mir schwören: Nur im Herrn ist Heil und Kraft! Zu ihm kommen tief beschämt alle, die gegen ihn geeifert haben. Im Herrn aber werden siegreich und ruhmvoll sein alle Nachkommen Israels." (Jesaja 45,6b–8.18.21b–25)

Wer schon einmal richtig nass geworden ist durch einen plötzlichen Wolkenbruch, weiß, wie unangenehm das sein kann. Es kann schnell kalt werden und wenn man wirklich Pech hat, ist man gerade auf einer Wanderung und findet keine Möglichkeit, sich unterzustellen oder die Klamotten zu wechseln. Auf der anderen Seite bringt der Regen auch Abkühlung und ein warmer Sommerregen hat fast etwas Romantisches. Außerdem kommt es auf die Perspektive an, denn für Landwirte kann der Regen im Hochsommer enorm wichtig sein, während die Schüler in den Sommerferien eines Nachmittags im Freibad verlustig gehen, sollte es in Strömen regnen.

Filme über die Wüste spielen gern mit der Technik, im Zeitraffer zu zeigen, wie der ersehnte Regen in kurzer Zeit die Samenkörner verschiedener

Pflanzen aufgehen lässt. In diesem Sinne soll auch die Adventszeit für uns so ein nötiger Regen sein. Das bekannte Lied „O Heiland, reiß die Himmel auf" (GL 231) legt unseren Text aus dem Buch Jesaja zugrunde. So sehr wir auch die adventliche Zeit mögen, so gern wir Weihnachten feiern, das Wesentliche der Botschaft scheinen wir binnen Jahresfrist immer wieder zu vergessen.

Der Boden unseres Glaubens ist wie die vertrocknete Erde der Steppen; die Adventszeit bringt nach und nach den nötigen Regen, den Tau des Himmels, das Wort Gottes, welches uns immer wieder an das große Geschenk heranführt, das Gott uns an Weihnachten ein für alle Mal gemacht hat. An Weihnachten wird uns von Neuem vor Augen geführt, wer der Herr ist und wie er ist. Er kommt nicht donnernd und mit Gewalt, obwohl er es könnte. Er kommt und will durch seine Liebe überzeugen, damit auch wir zu weihnachtlichen Menschen werden, die durch einen gelebten und authentischen Glauben überzeugen und Gott ins Leben der anderen Menschen bringen, wie ein ersehnter Regen der Saat die nötige Kraft gibt, aufzubrechen und zu wachsen.

Donnerstag der 3. Adventswoche

„Juble, du Unfruchtbare, die nicht gebar, juble und jauchze, die nicht in Wehen lag! Denn zahlreicher sind die Söhne der Einsamen als die Kinder der Vermählten, spricht der Herr. Erweitere den Raum deines Zeltes, deine Decken spann aus und spar nicht damit! Mach lang deine Seile, und schlage deine Pflöcke fest ein! Denn nach rechts und links wirst du dich ausbreiten; deine Nachkommen werden Völker in Besitz nehmen und die öden Städte wieder besiedeln. Fürchte dich nicht, du wirst nicht beschämt werden! Schäm dich nicht, du brauchst nicht zu erröten! Denn die Schmach deiner Jugendzeit wirst du vergessen und an die Schande deiner Witwenschaft nicht mehr denken. Dein Gemahl ist ja dein Schöpfer – Herr der Heerscharen ist sein Name – und dein Erlöser ist der Heilige Israels; Gott der ganzen Welt wird er genannt. Denn wie eine verlassene und herzbetrübte Frau ruft dich der Herr zurück. Kann man die Gattin der Jugend verschmähen?, spricht dein Gott. Nur eine kleine Weile verließ ich dich, aber mit großem Erbarmen hole ich dich wieder heim. Als sich mein Zorn ergoss, verbarg ich auf kurze Zeit mein Angesicht vor dir; doch mit ewiger Huld erbarme ich mich deiner, spricht der Herr, dein Erlöser. Wie in Noachs

Tagen ergeht es mir auch diesmal: Wie ich damals schwur, Noachs Fluten sollten nicht mehr die Erde überschwemmen, so schwöre ich auch jetzt, dir niemals mehr zu zürnen noch dich zu schelten. Die Berge mögen wohl weichen und die Hügel wanken, meine Huld wird nicht mehr von dir weichen und mein Friedensbund wird nicht wanken, spricht der Herr, dein Erbarmer. (Jesaja 54,1–10)

Weihnachten ist wahrscheinlich das weltumfassendste Fest überhaupt, wohl nirgendwo kann man sich diesem Fest wirklich entziehen. Gläubige wie Nichtgläubige, ja sogar viele Anhänger anderer Religionen kennen die bekanntesten Weihnachtslieder oder haben sich so manchen Brauch ihrer Umgebung angeeignet und haben damit irgendwie auch Anteil an dem, was Gott an Weihnachten seiner Welt geschenkt hat, nämlich das Heil, die Fülle seiner Liebe. Die prophetischen Worte Jesajas drücken es so aus: „Erweitere den Raum deines Zeltes, deine Decken spann aus und spar nicht damit!" In Jesus Christus hat Gott endgültig und unwiderruflich sein Herz geöffnet für uns Menschen, für alle Menschen. Jesaja sagt, dass nichts mehr passieren wird, wir brauchen keine Angst vor Gott zu haben; alle Verlassenheit, alle Verborgenheit Gottes gehört der Vergangenheit an, denn Gott ist für den Menschen da.

Diese Worte der Weite und Zuwendung sollen wir uns als Christinnen und Christen tief ins Herz sagen lassen und sie im Glauben durch unser Leben bezeugen. Wenn schon Gott, der unendlich Gerechte, alles beiseiteschiebt, um ganz der liebende Vater für uns zu sein, uns sogar sein Innerstes, nämlich seinen Sohn, schenkt, müssen dann nicht auch wir unsere Herzenshärten aufbrechen, um das Geschenk, das er uns macht, weiterzugeben an andere Menschen? Darum ist Gott dort geboren, wo so viele Menschen leben, in der Armut einer Baracke; darum ist Gott zuerst denen verkündet worden, die nach wie vor die Mehrheit der Weltbevölkerung darstellen, den Armen und Ausgeschlossenen. Er ist, wie Jesaja sagt, wirklich der „Gott der ganzen Erde". Daher ist sein Wort erst wirklich erfüllt, wenn alle Welt, jeder Mensch, dieses für sich erfahren hat und glauben kann. Und hier kommen wir, hier komme ich ins Spiel, denn dieser Glaube will durch mich und mein Leben umgesetzt werden, auf dem Weg zum Weihnachtsfest, in diesem Advent, heute!

Freitag der 3. Adventswoche

„Jesus sagte zu den Juden: Ihr habt zu Johannes geschickt und er hat für die Wahrheit Zeugnis

abgelegt. Ich aber nehme von einem Menschen kein Zeugnis an, sondern ich sage dies nur, damit ihr gerettet werdet. Jener war die Lampe, die brennt und leuchtet. Ihr aber wolltet euch für den Augenblick an ihrem Licht erfreuen. Ich aber habe ein größeres Zeugnis als das des Johannes; denn die Werke, die mir der Vater zu vollbringen übertragen hat, eben diese Werke, die ich tue, legen Zeugnis für mich ab, dass mich der Vater gesandt hat."
(Johannes 5, 33–36)

Für Jesus ist klar, dass Johannes, sein Prophet, sein Vorläufer, eine Laterne war, eine Kerze, die das Licht trägt, welches Jesus selber ist. „Er war nicht das Licht, sondern er sollte Zeugnis ablegen für das Licht" (Joh 1,8). Jesus ist die Flamme der Liebe, ohne die der Lichtträger, die Kerze, die Laterne, nutzlos sind, weder Licht spenden noch Orientierung geben. So sehr uns auch manchmal der Glaube erfreuen mag, erfüllt und Kraft gibt, so sehr müssen wir uns doch auch stets von Neuem Jesus, dem lebendigen Licht, annähern, damit wir wieder von seinem Feuer angefacht werden.

Der Weg durch die Adventszeit kann so eine Annäherung sein, die uns in die Nähe des wirklichen Feuers bringt, welches im Licht von Betlehem in diese Welt gekommen ist. Wir alle haben, in aller Bescheidenheit, die Aufgabe, die Johannes der Täufer innehatte. Wir sollen sein wie Sterne, die leuchten, weil die Sonne, die Jesus Christus ist, uns anstrahlt. Wir brauchen nicht den Anspruch erheben, wie Gott zu sein (vgl. Gen 3,5), es reicht, dass wir seinen Weg gehen, seine Wahrheit bezeugen und uns von seinem Lebenszeugnis anstecken lassen. Es ist der Weg, der an Weihnachten seinen Anfang nahm und uns zu ihm, zum Herrn führt. Wir dürfen ihn zugleich gehen und dabei auch ausleuchten, damit ihn auch andere finden im Wirrwarr vieler Einbahnstraßen, Drehkreuze und Sackgassen unserer Zeit.

4. Adventssonntag

„Mit der Geburt Jesu Christi verhielt es sich so: Als seine Mutter Maria mit Josef verlobt war, fand es sich, noch bevor sie miteinander lebten, dass sie schwanger war aus heiligem Geist. Da aber Josef, ihr Mann, gerecht war und sie nicht bloßstellen wollte, gedachte er, sie im Stillen zu entlassen. Während er noch darüber nachdachte, erschien ihm ein Engel des Herrn im Traum und sprach zu ihm: Josef, Sohn Davids, scheu dich nicht, Maria, deine Frau, zu dir zu nehmen; denn was sie empfangen hat, ist aus heiligem Geist. Sie wird einen Sohn gebären, ihm sollst du den Namen Jesus geben; denn er wird sein Volk von seinen Sünden erlösen. Dies alles ist geschehen, damit das Wort des Herrn in Erfüllung geht, das er durch den Propheten gesprochen hat: Seht, die Jungfrau wird schwanger werden und einen Sohn gebären, und man wird ihm den Namen Immanuel geben, das heißt übersetzt: Gott mit uns. Als nun Josef vom Schlaf erwachte, tat er, wie der Engel des Herrn ihm aufgetragen hatte, und *nahm seine Frau zu sich." (Matthäus 1,18–24 im Lesejahr A)*

„Im sechsten Monat wurde der Engel Gabriel von Gott in eine Stadt in Galiläa namens Nazaret zu einer Jungfrau gesandt, die mit einem Mann namens Josef aus dem Haus Davids verlobt war. Der Name der Jungfrau war Maria. Er trat bei ihr ein und sagte: Sei gegrüßt, du Begnadete, der Herr ist mit dir. Sie erschrak über das Wort und sann nach, was dieser Gruß bedeuten solle. Der Engel sagte zu ihr: Fürchte dich nicht, Maria; denn du hast bei Gott Gnade gefunden. Du wirst ein Kind empfangen, einen Sohn wirst du gebären; ihm sollst du den Namen Jesus geben." (Lukas 1,26–31 im Lesejahr B)

„Maria machte sich in diesen Tagen auf und eilte in eine Stadt im Gebirge von Judäa. Sie trat in das Haus des Zacharias und begrüßte Elisabet. Als Elisabet den Gruß Marias hörte, hüpfte das Kind in ihrem Leib; Elisabet wurde vom heiligen Geist erfüllt und rief mit lauter Stimme: Gesegnet bist du unter den Frauen und gesegnet ist die Frucht deines Leibes!" (Lukas 1,39–42 im Lesejahr C)

Für den vierten Advent sind drei unterschiedliche Evangelien vorgesehen. Je nach Lesejahr hören wir, wie der heilige Josef den Auftrag durch den

Engel Gabriel bekommt, Maria als seine Frau zu sich zu nehmen (Mt 1,18–24), wie der Engel Gabriel Maria die Botschaft bringt, dass sie einen Sohn gebären wird (Lk 1,26–38), oder wir hören von der Begegnung von Maria und Elisabet (Lk 1,39–45). Allen drei Texten liegt ein gemeinsames Motiv zugrunde: das Hören. Maria hört den Engel, nimmt die Botschaft auf und an, Josef hört den Engel im Traum und weiß, was zu tun ist, und Elisabet hörte Maria und Johannes hüpft vor Freude in ihrem Leib.

Die verschiedenen Textstellen wollen uns ein und dasselbe sagen: Das richtige Hinhören auf Gottes Wort bietet Raum für Veränderung, denn indem Gott zu mir spricht, wird mir seine Nähe bewusst, der ich vertrauen kann, und damit auch dem Auftrag, der mir aus Gottes Wort zukommt. Denn Gott braucht mich, er hat etwas mit mir vor, er schenkt mir seine Gegenwart, damit ich den Weg des Lebens gehen kann, fruchtbringend gehen kann für mich und meine Umgebung, die Menschen, die Gott mir an die Seite stellt, zu denen er mich sendet. Wenn ich Gott höre und sein Wort annehme, drängt es mich, es weiterzusagen und so ihn selbst in gewisser Weise auch weiter zu verschenken, indem ich mich verschenke. So wird Weihnachten zu einem alltäglichen Geschehen des christlichen Daseins. Maria hat gehört und verstanden und hat der Welt durch ihr „Ja" den Erlöser geboren, geschenkt. Josef hat gehört und Maria und Jesus Geborgenheit, Heimat und Liebe geschenkt. Elisabet hat gehört und erkannt, dass der Sohn Mariens für ihr Leben, für das Leben der ganzen Welt größte Relevanz hat: „Selig, die geglaubt hat, dass sich erfüllt, was ihr vom Herrn gesagt wurde" (Lk 1,45).

Was der Herr uns sagt, mitgibt, verheißt und schenkt, das wird er auch erfüllen; vielleicht geheimnisvoll, vielleicht verborgen, vielleicht ganz anders, als wir denken. Aber wer ihn hört, der weiß um seine Gegenwart, die uns in jedem Fall zum Guten führen wird, wie uns auch der Advent, wenn wir ihn für uns fruchtbar machen und ernst nehmen, zu einem erfüllten und im wahrsten Sinne des Wortes gnadenreichen Weihnachtsfest führen wird.

17. Dezember

„Stammbaum Jesu Christi, des Sohnes Davids, des Sohnes Abrahams: Abraham zeugte Isaak, Isaak zeugte Jakob, Jakob zeugte Juda und seine Brüder, Juda zeugte Perez und Serach mit Tamar, Perez zeugte Hezron, Hezron zeugte Aram, Aram zeugte Amminadab, Amminadab zeugte Nachschon,

Nachschon zeugte Salmon, Salmon zeugte Boas mit Rahab, Boas zeugte Obed mit Rut, Obed zeugte Isai, Isai zeugte König David. David zeugte Salomo mit der Frau Urijas, Salomo zeugte Rehabeam, Rehabeam zeugte Abija, Abija zeugte Asa, Asa zeugte Joschafat, Joschafat zeugte Joram, Joram zeugte Usija, Usija zeugte Jotam, Jotam zeugte Ahas, Ahas zeugte Hiskija, Hiskija zeugte Manasse, Manasse zeugte Amon, Amon zeugte Joschija, Joschija zeugte Jojachin und seine Brüder zur Zeit der Wegführung nach Babylon. Nach der Wegführung nach Babylon zeugte Jojachin Schealtiël, Schealtiël zeugte Serubbabel, Serubbabel zeugte Abihud, Abihud zeugte Eljakim, Eljakim zeugte Azor, Azor zeugte Zadok, Zadok zeugte Achim, Achim zeugte Eliud, Eliud zeugte Eleasar, Eleasar zeugte Mattan, Mattan zeugte Jakob, Jakob zeugte Josef, den Mann Marias, von der Jesus geboren wurde, der Christus genannt wird. Von Abraham bis David sind es also vierzehn Geschlechter, von David bis zur Wegführung nach Babylon sind es vierzehn Geschlechter und von der Wegführung nach Babylon bis zu Christus vierzehn Geschlechter." (Matthäus 1,1–17)

Jesus ist der Sohn Gottes. Dieser Sohn ist aber nicht einfach vom Himmel gefallen; die Geburt aus der Jungfrau, angekündigt durch den Erzengel Gabriel und gewirkt durch den Heiligen Geist ist ein wahres Geheimnis des Glaubens. Doch zuerst mussten auch Maria und Josef mit diesen wirklich „anderen Umständen" leben – wer hätte ihnen diese Geschichte geglaubt? Daher beauftragte Gott – wieder durch den Erzengel Gabriel – den Josef, Maria zur Frau zu nehmen, wie geplant, und diesen Gottessohn wie seinen eigenen Sohn großzuziehen.

Dieser Josef stammt, wie uns der Stammbaum Jesu zeigt, den Matthäus überliefert, aus dem Königsgeschlecht Davids. Er wird das Königtum Davids vollenden und über seine damaligen Grenzen hinausführen. Er wird wahrmachen, was dem Abraham verheißen war, dass nämlich seine Nachfahren ein großes Volk werden (vgl. Gen 12,2). In Jesus wird auch diese Verheißung erfüllt und überboten, denn er will, dass alle Völker seine Kinder, seine Jünger werden – er will die Kirche als die, die zu ihm, zum Herrn gehört. Im Magnificat singt Maria dann: „Angenommen hat er sich Israels, seines Knechtes, eingedenk seiner Barmherzigkeit, wie er gesprochen hat zu unseren Vätern, Abraham und seinen Nachkommen in Ewigkeit." (Lk 1,54–55).

Gott wirkte die Geburt seines Sohnes als Geheimnis des Glaubens, gab ihr aber aus irdischer, menschlicher Perspektive über die Vaterschaft Jesu auch die Rückkopplung an eine konkrete Geschichte, an eine Heilsgeschichte, an die Geschichte Gottes mit dem Menschen. In Jesus beginnt nicht nur einfach etwas Neues, und alles, was vorher war, wird marginalisiert. In Jesus erfüllt sich das, was Gott von Anbeginn der Schöpfung für den Menschen vorgesehen hat, dass er nämlich den Weg zum Leben und zur Fülle findet. In Jesus erfüllt sich auf unüberbietbare Weise das Schöpferwort, das von Beginn aller Zeit an über die Schöpfung ausgesprochen ist: „Und Gott sah alles, was er gemacht hatte, und siehe, es war sehr gut." (Gen 1,31).

18. Dezember

„Mit der Geburt Jesu Christi verhielt es sich so: Als seine Mutter Maria mit Josef verlobt war, fand es sich, noch bevor sie miteinander lebten, dass sie schwanger war aus heiligem Geist. Da aber Josef, ihr Mann, gerecht war und sie nicht bloßstellen wollte, gedachte er, sie im Stillen zu entlassen. Während er noch darüber nachdachte, erschien ihm ein Engel des Herrn im Traum und sprach zu

ihm: Josef, Sohn Davids, scheu dich nicht, Maria, deine Frau, zu dir zu nehmen; denn was sie empfangen hat, ist aus heiligem Geist. Sie wird einen Sohn gebären, ihm sollst du den Namen Jesus geben; denn er wird sein Volk von seinen Sünden erlösen. Dies alles ist geschehen, damit das Wort des Herrn in Erfüllung geht, das er durch den Propheten gesprochen hat: Seht, die Jungfrau wird schwanger werden und einen Sohn gebären, und man wird ihm den Namen Immanuel geben, das heißt übersetzt: Gott mit uns. Als nun Josef vom Schlaf erwachte, tat er, wie der Engel des Herrn ihm aufgetragen hatte, und nahm seine Frau zu sich." (Matthäus 1,18–24)

Wie sehr kann ich mich manchmal ärgern, wenn mir etwas dazwischenkommt, wenn ich gerade an einer wichtigen Sache dran bin und etwas Ungeplantes passiert. Und wie oft verfliegt der Ärger schnell, weil sich der unverhoffte Anruf, der Besuch oder das Gespräch als tolle spontane Abwechslung und Bereicherung herausgestellt hat. Natürlich passieren solche Dinge auch aufs Ganze gesehen im Leben, dass sich Dinge von heute auf morgen ändern durch einen Schicksalsschlag, der mein Leben auf den Kopf stellt oder die Begegnung mit einem Menschen, die mein Leben reicher macht. Jeder von uns könnte da sicher eine ganz persönliche Geschichte erzählen.

Das Matthäusevangelium stellt uns Josef vor Augen, den Mann an der Seite Mariens, der vielleicht etwas im Schatten steht. Er hat sich als junger Mann in dieses Mädchen Maria verliebt und wollte mit ihr sein Leben teilen, doch dann kam alles so anders. Er kann uns ein Beispiel geben, wie wir trotz des Haderns und Zauderns durch inneres Hinhören eine Lösung finden können, denn er behielt trotz des Durchkreuzens all seiner Lebenspläne eine Offenheit für das Leben, wie es nun einmal ist. Es ist leider – oder Gott sei Dank – normal, dass nicht alles so läuft, wie wir uns das zurechtdenken. Oft genug, und das lehrt uns nicht nur die biblische Geschichte, wird erst dann, wenn alles anders ist als geplant, wirklich ein Schuh draus, der passt und mit dem ich laufen kann, den ich lieben lerne, obwohl ich ihn mir vielleicht nie von mir aus gekauft hätte. Maria und Josef stehen Pate dafür, dass das Leben gelingt, auch mit der Erfahrung, die Zügel dann und wann aus der Hand geben zu müssen. Denn eines gilt ganz sicher: Der Mensch denkt und Gott lenkt.

19. Dezember

„In den Tagen des Herodes, des Königs von Judäa, lebte ein Priester namens Zacharias aus der Priesterklasse des Abija. Seine Frau stammte aus dem Geschlecht Aaron und ihr Name war Elisabet. Beide waren gerecht vor Gott, lebten streng nach allen Geboten und Satzungen des Herrn. Sie hatten kein Kind, weil Elisabet unfruchtbar war, und beide waren schon in vorgerücktem Alter. Eines Tages, als er nach der Ordnung seiner Klasse Priesterdienst vor Gott tat, traf ihn nach dem Brauch der Priesterschaft das Los, in den Tempel des Herrn einzutreten und das Rauchopfer darzubringen. Das ganze Volk aber stand zur Stunde des Rauchopfers draußen und betete. Da erschien ihm ein Engel des Herrn, der zur Rechten des Rauchopferaltars stand. Zacharias erschrak, als er ihn sah, und Furcht überfiel ihn. Doch der Engel sagte zu ihm: Fürchte dich nicht, Zacharias; denn dein Gebet ist erhört worden. Elisabet, deine Frau, wird dir einen Sohn gebären und du sollst ihm den Namen Johannes geben. Er wird dir Freude und Jubel sein und viele werden sich über seine Geburt freuen; denn er wird groß sein vor dem Herrn. Wein und andere berauschende Getränke wird er nicht trinken; schon vom Mutterschoß an wird er

mit Heiligem Geist erfüllt werden und viele Söhne Israels wird er zum Herrn, ihrem Gott, bekehren. Er wird ihm mit Geist und Kraft des Elija vorangehen und die Herzen der Väter den Kindern zuwenden und Ungehorsame zur Einsicht der Gerechten, um so dem Herrn ein bereites Volk zu schaffen. Zacharias sagte zu dem Engel: Woran soll ich dies erkennen? Denn ich bin alt und meine Frau ist in vorgerücktem Alter. Der Engel antwortete ihm: Ich bin Gabriel, der vor Gott steht, und ich bin gesandt, zu dir zu reden und dir diese frohe Botschaft zu bringen. Aber du wirst stumm sein und nicht sprechen können bis zu dem Tag, an dem dies geschehen wird, weil du meinen Worten nicht geglaubt hast, die sich zu ihrer Zeit erfüllen werden. Inzwischen wartete das Volk auf Zacharias; sie wunderten sich, dass er so lange im Heiligtum verweilte. Als er dann heraustrat, konnte er nicht zu ihnen reden. Da erkannten sie, dass er im Heiligtum eine Erscheinung gehabt hatte. Er gab ihnen Zeichen und blieb stumm. Als die Tage seines Dienstes zu Ende waren, kehrte er nach Hause zurück. Bald darauf empfing seine Frau Elisabet und hielt sich fünf Monate verborgen. Sie sagte: So hat der Herr an mir getan zu der Zeit, als er auf mich schaute, um meine Schmach bei den Menschen wegzunehmen." (Lukas 1,5–25)

Die Berichte über die Umstände der Ankündigung und der Geburt von Johannes dem Täufer und Jesus ähneln sich stark. Doch was den Engel rasend zu machen scheint, ist die Art des Zweifels, mit der Zacharias ihm begegnet. Dabei ist die Verheißung so schön: „Er wird dir Freude und Jubel sein und viele werden sich über seine Geburt freuen"

Ist es nicht auch ein wenig so in unserer Realität, dass wir den Wald der Freude vor lauter Bäumen des Zweifelns und der Skepsis oft genug nicht zu sehen in der Lage sind? Es sind gerade die Kinder in dieser vorweihnachtlichen Zeit, die sich einfach von Herzen freuen können, die Vorfreude in vollen Zügen genießen, während wir Großen oft nur den Stress sehen, dem wir ausgesetzt zu sein scheinen und den wir uns doch in aller erster Linie selbst machen. Wir sind doch eigentlich die vielen, von denen der Engel dem Zacharias erzählt, die sich über die Geburt des Johannes und dann über die Geburt Jesu freuen dürfen. Gott schenkt uns etwas, was nur schön und gut ist, was unser Leben bereichern will und heller machen soll, was uns einen Frieden schenken will, den wir in diesen Tagen der Adventszeit innerlich und äußerlich wirklich gut brauchen können. Doch oft verstummen wir wie Zacharias und bekommen nicht mehr über die Lippen als ein Lamento über

Stress und unsere blank liegenden Nerven. Und das hängt oft mit unserem Unglauben zusammen, der nicht wahrhaben will, dass Jesus uns wirklich Herzensfreude schenken möchte. Nutzen wir doch die Gelegenheit und schauen wir mal in die Augen der Kinder in diesen Tagen und lernen wir von ihnen die pure Freude auf etwas, das das größte Geschenk Gottes für alle Menschen ist und dabei auch mir, mir ganz persönlich gilt. Das ist der Grund, weshalb auch unsere, meine Freude groß sein soll.

20. Dezember

„Im sechsten Monat wurde der Engel Gabriel von Gott in eine Stadt in Galiläa namens Nazaret zu einer Jungfrau gesandt, die mit einem Mann namens Josef aus dem Haus Davids verlobt war. Der Name der Jungfrau war Maria. Er trat bei ihr ein und sagte: Sei gegrüßt, du Begnadete, der Herr ist mit dir. Sie erschrak über das Wort und sann nach, was dieser Gruß bedeuten solle. Der Engel sagte zu ihr: Fürchte dich nicht, Maria; denn du hast bei Gott Gnade gefunden. Du wirst ein Kind empfangen, einen Sohn wirst du gebären; ihm sollst du den Namen Jesus geben. Er wird groß sein und Sohn des Höchsten genannt werden. Gott, der Herr,

wird ihm den Thron seines Vaters David geben. Er wird herrschen über das Haus Jakob in Ewigkeit und seine Herrschaft wird kein Ende haben. Maria sagte zu dem Engel: Wie soll dies geschehen, da ich keinen Mann erkenne? Der Engel antwortete ihr: Heiliger Geist wird über dich kommen und Kraft des Höchsten wird dich überschatten. Deshalb wird auch das Kind heilig und Sohn Gottes genannt werden. Auch Elisabet, deine Verwandte, hat noch einen Sohn empfangen in ihrem Alter und dies ist schon der sechste Monat für sie, die als unfruchtbar galt. Denn für Gott ist nichts unmöglich. Da sagte Maria: Ich bin die Magd des Herrn; mir geschehe nach deinem Wort. Dann verließ sie der Engel." (Lukas 1,26–38)

Wer freut sich nicht über einen Anruf oder den Besuch einer Freundin oder eines Freundes, über aufmerksames Nachfragen in einer vielleicht auch schweren Zeit? Jeder Mensch braucht Menschen an der Seite, die sich Zeit nehmen und da sind. So will auch Gott da sein für uns und so sendet er, wie damals den Engel zu Maria, auch heute seine Engel in unserem Alltag. Ja, es klingt fast kitschig und abgedroschen. Doch achten wir darauf? Erkennen wir die Menschen im Alltag, die spontan hilfsbereit sind, wenn jemand einschreitet, wo Menschen angepöbelt und ausgegrenzt werden, wo einer nachfragt, wenn Tränen laufen, wo man nicht vorbeigeht, wenn Not offensichtlich ist?

Stellen wir die Frage einmal umgekehrt: Wo bin ich schon für andere zum Engel geworden, ohne heilig zu sein? Wie oft ist es mir geschenkt worden, genau zur richtigen Zeit am richtigen Ort gewesen zu sein? Vielleicht hat meine Hand ja schon einmal Schmerz gelindert oder mein Wort eine Situation zum Guten verändert, mein Lächeln Erleichterung geschenkt oder mein Dasein Tränen abebben lassen. Wir alle sind dazu berufen, uns senden zu lassen und bereit zu sein, für andere etwas zu tun. Ich glaube, dass unser Alltag, unser tägliches Miteinander genug Gelegenheiten bietet, für andere zu einem Engel werden zu können, ohne gleich eine Jungfrauengeburt verkünden zu müssen. Aber durch die Taufe sind wir alle berufen, füreinander Engel zu sein, Gesandte Gottes, die etwas von dem weitergeben, was wir vom Evangelium verstanden haben. Und auch wenn es scheinbar noch so wenig sein mag – im richtigen Moment ist es vielleicht gerade ausreichend, um etwas Wesentliches zu schenken.

21. Dezember

„Maria machte sich in diesen Tagen auf und eilte in eine Stadt im Gebirge von Judäa. Sie trat in das Haus des Zacharias und begrüßte Elisabet. Als Elisabet den Gruß Marias hörte, hüpfte das Kind in ihrem Leib; Elisabet wurde vom heiligen Geist erfüllt und rief mit lauter Stimme: Gesegnet bist du unter den Frauen und gesegnet ist die Frucht deines Leibes! Woher wird mir dies zuteil, dass die Mutter meines Herrn zu mir kommt? Denn als der Klang deines Grußes in mein Ohr drang, hüpfte das Kind vor Freude in meinem Leib. Selig, die geglaubt hat, dass sich erfüllt, was ihr vom Herrn gesagt wurde."
(Lukas 1,39–45)

Direkt eine WhatsApp-Nachricht, oder, wer etwas altmodischer ist, einfach die gute alte SMS; für eine gute Nachricht, eine spontane Verabredung oder einen kurzen Kommentar ist das Smartphone schnell zur Hand. So einfach ging es früher noch nicht, vor allem nicht zur Zeit Jesu. Maria musste sich auf den langen Weg machen zu ihrer Verwandten Elisabeth. Dafür blieb sie aber auch gleich drei Monate bei ihr. Sie hat etwas unglaublich Schönes, Frohes und Tiefes zu berichten und möchte es mit ihrer Freundin teilen.

Von der Botschaft an sich einmal ganz abgesehen: Wie oft nehmen wir uns denn noch Zeit, richtig zuzuhören, also wirklich zuzuhören? So oft erlebe ich es selbst, dass sich im WhatsApp-Chat die Nachrichten überschlagen, ich schon einen Gedanken weiter bin als mein Kumpel, mit dem ich schreibe. Es ist auch alles gut, es ist in Ordnung, aber geht uns nicht auch etwas verloren? Das Dasein für andere, jemanden anzusehen *face to face* und ernst zu nehmen mit seinen Gedanken, seiner Freude oder den Sorgen? Es ist doch schön, in einem langen Gespräch bei einem Kaffee oder einem Glas Wein vom Hölzchen zum Stöckchen zu kommen, alte Zeiten zu besprechen oder eben aktuelle Themen. Man kann ja vielleicht auch Neues entdecken und in eine freundschaftliche Tiefe eintauchen, die enger zusammenschweißt. Maria und Elisabeth sind sicher nach dem Besuch auf eine tiefere Ebene ihrer Beziehung gekommen und haben sich ein Stück weit neu kennengelernt.

Der Advent kann uns helfen, einmal ganz neu beieinander anzukommen, zuzuhören und füreinander da zu sein, so wie Jesus bei uns ankommen will, uns zuhört und für uns da ist. Es lohnt sich, diesen Aspekt menschlicher Beziehungen in den Blick zu nehmen, wie man wirklich beieinander ankommen kann.

22. Dezember

"Da sagte Maria: Hochpreist meine Seele den Herrn und mein Geist jubelt über Gott, meinen Retter. Denn er hat geschaut auf die Niedrigkeit seiner Magd. Siehe, von nun an preisen mich selig alle Geschlechter. Denn Großes hat an mir getan der Mächtige und heilig ist sein Name. Seine Barmherzigkeit währt von Geschlecht zu Geschlecht allen, die ihn fürchten. Er hat Machttaten vollbracht mit seinem Arm, er zerstreut, die im Herzen voll Hochmut sind. Gewaltige hat er vom Thron gestürzt und Niedrige erhöht. Hungrige hat er erfüllt mit Gütern und Reiche leer davongeschickt. Angenommen hat er sich Israels, seines Knechtes, eingedenk seiner Barmherzigkeit, wie er gesprochen hat zu unseren Vätern, Abraham und seinen Nachkommen in Ewigkeit. Und Maria blieb ungefähr drei Monate bei ihr und kehrte dann in ihr Haus zurück." (Lukas 1,46–56)

Das Wort Weihnacht setzt sich zusammen aus der Weihe und der Nacht; es meint die Nacht der Geburt Jesu, die heilig ist, die durch Gottes Menschwerdung gleichsam eine Weihe erfahren hat. Ich will den Bogen nicht überspannen, aber Maria singt ihr Magnifikat in dieser übermenschlichen Freude, dass sie erwählt wurde, ja, irgendwie geweiht wurde, geheiligt wurde, Christus in diese Welt zu tragen: Es hochpreise meine Seele den Herrn und es jubelt mein Geist über Gott, meinen Retter.

„Du, dich will ich, dich brauche ich, um auch heute noch Mensch zu werden in dieser Welt. Gib du mir durch dich ein Gesicht, eine Persönlichkeit, ein Lächeln, eine Geste der Liebe." Das sagt Jesus jedem von uns und das soll uns freuen, weil wir etwas so Großes tun dürfen, nämlich Christus in diese Welt zu tragen. Die Botschaft der Heiligen Nacht will unsere Herzen mit Christus und seinem Frieden erfüllen; auch wir werden bereitet, ja, gleichsam geweiht, die Botschaft nicht nur mit dem Kopf, sondern mit dem Herzen zu hören. Wir dürfen, ich darf etwas schenken, was wirklich gebraucht wird, was anderen Menschen, was der Welt wirklich von Nutzen ist. Weil sie erwählt wurde, hat Maria das Magnifikat gesungen. Wie schön wäre es, wenn dieser Gesang die Welt immer mehr und mehr erfüllt, der davon singt, dass die Erwählung zum Guten das Böse wirklich vernichten kann – nicht durch Gewalt, sondern durch die Freude des Herzens. Der Mächtige, der Liebende, Gott will an uns allen dieses Große tun, nämlich die Liebe durch unser christusförmiges Leben groß werden lassen auf dieser Welt, angefangen bei uns und in unserem Lebenskontext und dann immer und immer weiter, bis die ganze Welt von der Größe und der Liebe Gottes zu singen in der Lage ist.

23. Dezember

„Für Elisabet kam die Zeit, dass sie gebären sollte, und sie gebar einen Sohn. Ihre Nachbarn und Verwandten hörten, dass der Herr ihr große Barmherzigkeit erwiesen hatte, und freuten sich mit ihr. Am achten Tag kamen sie, um das Kind zu beschneiden, und wollten ihm den Namen seines Vaters Zacharias geben. Seine Mutter aber entgegnete: Nein, er soll Johannes heißen. Sie antworteten ihr: Niemand ist in deiner Verwandtschaft, der diesen Namen trägt. Sie winkten nun seinem Vater, wie er ihn nennen lassen wollte. Er verlangte ein Täfelchen und schrieb die Worte: Johannes ist sein Name. Alle wunderten sich. Sogleich wurde sein Mund aufgetan und seine Zunge gelöst und er sprach und pries Gott. Alle Nachbarn ringsum wurden von Furcht ergriffen und im ganzen Bergland von Judäa sprach man von allen diesen Dingen. Und alle, die davon hörten, machten sich

Gedanken darüber und sagten: Was wird wohl aus diesem Kind werden? Denn die Hand des Herrn war mit ihm." (Lukas 1,57–66)

„Was wird wohl aus diesem Kind werden?" Wie viele Eltern stellen sich diese Frage tagtäglich aus Sorge um ihre Kinder? Mir sind sogar schon Leute begegnet, die keine Kinder haben möchten, weil sie diese nicht in eine vermeintlich so schreckliche Welt setzen wollen. Kurz vor Weihnachten und die Geburtsgeschichte des Johannes im Gepäck lohnt es sich, über das Geschenk des Lebens nachzudenken.

Kaum etwas haben wir in der Hand, so vieles ist unwägbar. Doch sollte man angesichts der Tatsache, dass nicht alles in Ordnung ist auf unserer Welt, den Kopf einfach in den Sand stecken? Wenn wir eines aus den Texten der Bibel und ganz besonders aus denen bei Lukas mitnehmen können, dann die Gewissheit, dass Gott mitgeht. So vieles, was in unseren Augen hoffnungs- oder gar wertlos ist, ist in Gottes Augen kostbar und schön, gut und richtig. Unsere weltlichen Maßstäbe ändern sich am laufenden Band, doch sie kommen nie an diejenigen Gottes heran. Sein Maß ist und bleibt immer die Liebe ohne Maß und diese entzieht er keinem seiner Geschöpfe.

Bei der Frage, was wohl aus einem Kind werden mag, sollten wir uns unserer Verantwortung bewusst werden, die wir für die Erziehung unserer Kinder und Enkel, Patenkinder oder Schüler haben, nämlich ein Vorbild zu sein und ihnen Wege ins Leben zu zeigen. Doch wir müssen klar haben, dass Kinder nicht der Besitz ihrer Eltern sind oder sonst irgendjemandem gehören. Kinder sind nicht dafür da, unsere Vorstellungen umzusetzen. Gott wird sich um sein Geschöpf, das er den Eltern, der Gesellschaft, der Welt geschenkt hat, sorgen, hier in dieser Welt und dann bei ihm, in seiner Gegenwart. Was werden wird, ist klar: Es wird gut werden, weil Gott das Ziel allen Lebens ist. Wir leben freier, wenn wir das begreifen und lernen, manches loszulassen, woran wir oft krampfhaft festhalten.

24. Dezember: Heiligabend

„Sein Vater Zacharias wurde vom heiligen Geist erfüllt und weissagte: Gepriesen sei der Herr, der Gott Israels! Denn er hat sein Volk besucht und ihm Erlösung bereitet. Er hat uns ein Horn des Heils aufgerichtet im Haus Davids, seines Knechtes, wie er verkündet hat von alters her durch den Mund seiner heiligen Propheten, um uns Rettung

*zu schaffen vor unseren Feinden und aus der Hand aller, die uns hassen. Barmherzigkeit zu üben an unseren Vätern und seines heiligen Bundes zu gedenken, des Eides, den er unserem Vater Abraham geschworen hat, uns zu verleihen, dass wir, erlöst aus der Hand unserer Feinde, ohne Furcht ihm dienen in Heiligkeit und Gerechtigkeit vor ihm alle unsere Tage. Und du, Kind, wirst Prophet des Höchsten genannt werden; denn du wirst dem Herrn vorangehen, zu bereiten seine Wege, um seinem Volk Erkenntnis des Heiles zu geben in der Vergebung seiner Sünden, durch das innige Erbarmen unseres Gottes, mit dem er uns besuchen wird als Aufgang aus der Höhe, zu leuchten denen, die in Finsternis und in Todesschatten sitzen, und unsere Füße zu lenken auf den Weg des Friedens."
(Lukas 1,67–79)*

Es ist soweit, es ist Heiligabend. Die Botschaft dieses Tages unmittelbar vor dem Weihnachtsfest stellt uns eine wichtige Aufforderung des Engels vor Augen, die uns auch aus Jesu Munde später immer wieder begegnet: Fürchte dich nicht. Wovor soll sich Maria nicht fürchten? Etwa vor Gott?

Nun, Maria hatte sicher andere Pläne mit ihrem Verlobten, dem heiligen Joseph. Und die Fischer am See Genezareth hatten auch anderes vor, als einem Wanderprediger nachzulaufen, und so viele andere Menschen auch, die sich vom Herrn haben ziehen lassen. Aber es war die unmittelbare Voraussetzung für so viel Gutes auf dieser Welt, dieses „Ja" von Menschen, die sich von Gott haben ziehen und in den Dienst nehmen lassen. Dass die kurzen Berichte und Erzählungen nicht sämtliche Gefühlslagen, Fragen und Gedanken thematisieren können, die in den Köpfen Marias, der Jünger oder der vielen anderen Gerufenen waren, ist klar. Doch eine wesentliche Gefühlslage war eben die Furcht vor Gott und der Endgültigkeit, die der Ruf Gottes mit sich bringt: Komme ich aus der Nummer wieder raus? Kann ich auch noch einmal widerrufen?

An Weihnachten hat Gott mit Maria ernst gemacht durch seinen Sohn Jesus. Mit ihrem „Ja" hat Maria eine Verantwortung übernommen, die ihre eigenen Pläne zunichtemachte und ihr dennoch alles Glück der Welt schenkte. Auch wenn uns nicht direkt ein Engel erscheint und uns einen Auftrag erteilt, so sorgen wir uns doch auch schon um so viele Dinge. Gott aber schenkt uns in unsere alltäglichen Sorgen hinein ein Wort des Vertrauens, sein Wort, das uns rettet, an dem wir uns festhalten und hochziehen können. Das gilt in allen Lagen unseres Lebens. Weihnachten gibt uns die Möglichkeit, nach unserem Auftrag zu fragen, nach dem, was Gott mit uns vorhat. Wir können uns zusagen lassen, dass wir uns nicht zu fürchten brauchen vor dem, was Gott uns schenkt oder auch manchmal auferlegt, denn er geht mit. Weihnachten will uns dies begreiflich machen. Wir brauchen uns nicht fürchten, denn wie Maria haben wir bei Gott Gnade gefunden, und diese Gnade ist ohne Ende und ganz für uns.

25. Dezember: Erster Weihnachtsfeiertag

„Im Anfang war das Wort, und das Wort war bei Gott, und Gott war das Wort. Es war im Anfang bei Gott. Alles ist durch es geworden, und ohne es ist nichts geworden, was geworden ist. In ihm war das Leben, und das Leben war das Licht der Menschen. Und das Licht scheint in der Finsternis, und die Finsternis hat es nicht ergriffen. Ein Mensch trat auf, von Gott gesandt, sein Name war Johannes. Er kam zum Zeugnis, um Zeugnis abzulegen für das Licht, damit alle durch ihn glauben. Er war nicht das Licht, sondern er sollte Zeugnis ablegen für das Licht. Das Wort war das wahre Licht, das jeden Menschen erleuchtet; es kam in die Welt. Er war in der Welt, und die Welt ist durch ihn geworden,

und die Welt hat ihn nicht erkannt. Er kam in sein Eigentum, und die Seinigen nahmen ihn nicht auf. Allen aber, die ihn aufnahmen, gab er Macht, Kinder Gottes zu werden, denen, die an seinen Namen glauben, die nicht aus dem Blut, nicht aus dem Willen des Fleisches, nicht aus dem Willen des Mannes, sondern aus Gott geboren sind. Und das Wort ist Fleisch geworden und hat unter uns gewohnt und wir haben seine Herrlichkeit geschaut, eine Herrlichkeit, wie sie der einzige Sohn vom Vater hat, voll Gnade und Wahrheit. Johannes legte Zeugnis für ihn ab und rief: Dieser war es, von dem ich gesagt habe: Er, der nach mir kommt, ist mir voraus, weil er vor mir war. Aus seiner Fülle haben wir alle empfangen, Gnade um Gnade. Denn das Gesetz ist durch Mose gegeben worden, die Gnade und die Wahrheit ist durch Jesus Christus gekommen. Niemand hat Gott jemals gesehen. Der Einzige, der Gott ist und an der Brust des Vaters ruht, er hat Kunde gebracht." (Johannes 1,1–18)

Es ist Weihnachten, endlich. So viele Worte haben wir vor diesem Fest gemacht, gelesen oder gehört, in guten Wünschen, in Gedichten und Liedern, in Unterhaltungen auf den Weihnachtsfeiern, viel Musik hat uns auf dieses Fest vorbereitet – hoffentlich. Und nun ist dieses Wort also Fleisch geworden,

Mensch geworden, und wohnt unter uns, wie es im Johannesevangelium heute heißt. Es ist das eine Wort, das nicht im Duden steht und das ich nicht googeln kann, das ich nur umschreiben und nicht aufschreiben kann; es ist das Wort, das nur gelebt und nicht definiert werden kann; das Wort, das nicht intellektuell expliziert, sondern durchs offene Herz aufgenommen werden will. Dieses Wort ist erst- und einmalig in Jesus Christus Mensch geworden.

Dieser aber hat uns durch seine Worte als Erben aufgetragen, sein Wort zu leben und einander weiterzusagen, um zum Vater zu gelangen. Gott macht uns an Weihnachten zum Geschenk, die Herrlichkeit, die Schönheit, die Tiefe und die existenzielle Freude empfangen zu dürfen, die in uns wohnen und sich in uns ausbreiten will, die uns die Möglichkeit gibt, über uns und unseren menschlichen Wortschatz hinauszuwachsen. Heute können wir diesem Wort Herberge geben und damit zum Anziehungs- und Orientierungspunkt werden für andere, für die Familie, unsere Freunde und all die Menschen, denen wir jeden Tag begegnen, wie auch die Krippe in Bethlehem zum Anziehungspunkt wurde für die Hirten oder die Weisen aus dem Orient.

Wäre es nicht ein großes Kompliment, wenn man über uns sagen würde, dass wir etwas ausstrahlen, was mit Gnade, Wahrhaftigkeit und Herrlichkeit in Verbindung gebracht wird? Alles, was wir in diesen Tagen verschenken, kann nur einen Symbolwert haben für das, was allen Menschen geschenkt worden ist. Unsere Seele, unser Herz, unser menschliches Leben kann zur Wohnung werden für das Wort Gottes, das durch uns in der Welt lebendig werden will und anderen Hoffnung, Zuversicht, Fröhlichkeit und Segen schenken kann. So können wir nun also aus vollem Herzen uns und anderen wünschen: Frohe und gesegnete Weihnachten!

26. Dezember: Fest des heiligen Stephanus

„Stephanus aber, voll Gnade und Kraft, tat große Wunder und Zeichen unter dem Volk. Doch einige von der sogenannten Synagoge der Libertiner, der Zyrener, der Alexandriner und der Leute aus Zilizien und Asien erhoben sich und stritten mit Stephanus. Aber sie vermochten der Weisheit und dem Geist, mit dem er sprach, nicht standzuhalten. Als sie das vernahmen, packte sie die Wut und sie knirschten mit den Zähnen über ihn. Er aber, erfüllt vom heiligen Geist, blickte zum Himmel auf, sah die Herrlichkeit Gottes und Jesus zur Rechten Gottes stehen und sagte: Ich sehe die Himmel offen und den Menschensohn zur

Rechten Gottes stehen. Da schrien sie laut auf, hielten sich die Ohren zu und stürmten alle miteinander auf ihn los, stießen ihn zur Stadt hinaus und steinigten ihn. Die Zeugen legten ihre Kleider zu den Füßen eines jungen Mannes nieder, der Saulus hieß. So steinigten sie Stephanus, der den Herrn anrief und sagte: Herr Jesus, nimm meinen Geist auf! Er kniete nieder und rief mit lauter Stimme: Herr, rechne ihnen diese Sünde nicht an! Mit diesen Worten starb er."
(Apostelgeschichte 6,8–10;7,54–60)

Immer wieder höre ich klagen, warum denn die Kirche direkt auf das Weihnachtsfest das Fest des heiligen Stephanus folgen lässt und damit die Festfreude irgendwie stört. Doch ebenso hören wir gerade am Weihnachtsfest immer wieder Nachrichten aus aller Welt, die die übliche Gewalt noch übertreffen.

Was viele Menschen immer wieder erschüttert, war aber irgendwie schon immer so, auch in der Bibel. Schon die Geburt Jesu hatte unmittelbar den Kindermord in Bethlehem zur Folge, die Flucht der Heiligen Familie und eben die Steinigung des heiligen Stephanus. Aber auch Positives, Großes wird berichtet. Stephanus steht nicht nur ein für seinen Glauben und bezeugt die Hoffnung, von der er ganz und gar erfüllt ist; er ist auch von der Liebe zu den

Menschen erfüllt, dass er sogar für seine Mörder betet und ihnen verzeiht. Wenn auch nur als kleines Licht, so unterbricht er doch die Negativspirale von Gewalt und Gegengewalt, von Hass und Widerhass. Er hat durch seine Fähigkeit, aus dem Glauben heraus zu lieben, Christus in die Welt getragen und ihm ein menschliches Gesicht gegeben, in diesem Fall das Gesicht des leidenden und verfolgten, des gefolterten und gemordeten Menschen. Er war der erste Märtyrer der Christenheit und folgte damit den Vielen nach, die vor ihm schon immer für ihre Überzeugungen getötet wurden und die auch heute noch leiden und verfolgt werden, weil sie einen Glauben, eine Haltung, eine Überzeugung oder eine politische Gesinnung haben, die einer anderen Gruppe nicht passt.

An Weihnachten hat die Liebe Gottes ein menschliches Gesicht bekommen und wurde in Jesus Christus zur Person. Dieses Gesicht wendet sich auch uns zu, jeden Tag unseres Lebens. Dieses menschliche Gesicht schaut uns mit dem Blick der Liebe an und will uns antreiben, uns lieben und von dieser Liebe erfüllen zu lassen. Jesus will uns in die Lage versetzen, jeden Tag das Geschehen von Weihnachten durch unser Tun und Handeln, in unserem Alltag, in unseren Familien und Beziehungen, bei

Freund und Feind lebendige Wirklichkeit werden zu lassen. Der heilige Stephanus hat das in einer extremen Form getan, die Gott sei Dank selten ist in unserer täglichen Realität. Doch Leid und Not geschehen nicht nur durch die Gewalt von Waffen, sondern auch durch Gewalt, die durch Gedanken oder das geschriebene oder gesprochene Wort geschieht. Weihnachten zeigt uns, welches Wort wir dem Bösen in unserer Welt entgegensetzen können: Es ist das Wort der Vergebung und des Friedens, welches uns über das Weihnachtsfest hinaus täglich begleiten kann und erfüllen will.